「聆听大师」丛书

听丰子恺谈禅意人生

陈墨/著

时事出版社

前　言

丰子恺是我国现代漫画家、散文家、美术教育家和音乐教育家、翻译家，是一位多方面卓有成就的文艺大师；曾任中国美术家协会常务理事、美协上海分会主席、上海中国画院院长、上海对外文化协会副会长等职；被赞为“最像艺术家的艺术家”“20世纪的陶渊明”。他一生追求充满童真、闲趣的生活，为世人留下了无数精神财富，至今仍有多篇作品被选入九年义务教育教材。

丰子恺淳朴善良的性格造就了他独特的经历与思想，生活是思想的根源，艺术是生活的表达，他的生活与艺术是无法分割的。所以本书通过叙述他的艺术人生，来透视人生的艺术，为读者展示一个全方位、立体的丰子恺。

丰子恺出生于浙江省桐乡市石门镇一个书香世家，其祖父是太学生，其父是末代举人。1914年，丰子恺以优异的成绩考入浙江省省立第一师范学校，他在这里结识了影响他一生的两位恩师——李叔同和夏丏尊。李叔同在教艺术课时，将艺术的种子深深植入了少年丰子恺的心中，对丰子恺的艺术观产生了深远的影响。而国文老师夏丏尊教导的“不讲空话，老实写”，则塑造了丰子恺写作的风格与思想。丰子恺具有很好的艺术天赋与写作天资，在两位大师的指导下更是进步神速，终于也走上了文艺之路。

1925年，丰子恺出版了自己的第一本漫画集《子恺漫画》，“漫画”一词从此来到中国。1931年，他出版了第一本散文集《缘缘堂随笔》，奠定了他在文艺界全才的地位。此外，他在翻译、书法、教育等方面也颇有成就。

1937年，战火烧到了丰子恺宁静的故乡，他不得不带着全家逃难，先后辗转十多个省市，受尽奔波之苦，但也见到了更多，想到了更多。在此期间，他的笔尖下流淌出了抗敌的斗志、对战争的控诉、对伤亡者的同情及护生的理想。

十年动乱期间，丰子恺饱受迫害，于1975年与世长辞，享年78岁。

丰子恺一生都在努力做个童真的人，渴望按照自己的意愿生活，喜欢隐居般的田园生活，不爱抛头露面，从而获得最自然本真的状态。1949年后，他虽然担任着一些职务，但基本上除了开会并不负责什么实际事务，更多的还是在家中从事创作，悠闲地生活着。“文革”期间，他被迫下放劳动，仍对在“缘缘堂”度过的悠闲岁月念念不忘，患病后宁可把药偷偷藏起来不吃，放任病情加重，只为病了才能回家继续创作。这个温和的老人，在最后的岁月中表现出鲜有的固执与倔强。

丰子恺的艺术与生活，向来是一体的，不能分割剖析。他从不在作品中掩饰真情实感，而是将自己完全融入其中。他用手中的笔，创造出一个个鲜活的形象，重现了一段段真实的记忆。当我们深入丰子恺的世界，阅读他的作品，了解他的人生轨迹，或许就能触摸到他内在精神的深处了。

目录

NO. 1 ╱ 赤子之心看世界，半瓣花上说人情
——丰子恺谈情味人生

NO. 2 ╱ 吾爱童子身，莲花不染尘
——丰子恺谈童真人生

NO. 3 ╱ 人散后，一勾新月天如水
——丰子恺谈趣味人生

NO. 5 / 承续至性深情，描绘有情人间——丰子恺谈漫画人生

NO. 6 / 所谓艺术家，假手于“神”而造美——丰子恺谈艺术人生

NO.

8 / 既然没有净土，不如静心
——丰子恺谈佛性人生

NO.1

赤子之心看世界，半瓣花上说人情

——丰子恺谈情味人生

丰子恺的散文语言朴素、风格独特；他的漫画信笔所至，妙趣横生。他厌恶成人世界的虚伪自私，赞美儿童的纯真可爱，善于将日常生活的平凡小事，加以巧妙的点染，来阐述人生的理想。他的作品充满浓厚的人情味，深为广大读者所喜爱。

·1·

赤子之心，有情世界

1975年的秋天，丰子恺在上海与世长辞，走完了他人生的最后一程。他是一个身兼画家、作家、翻译家等多个头衔，并且难以被“归类”的人。不过，丰子恺先生身上这些“家”的头衔，不过是外人加上去的光环。最难能可贵的，则是他那颗在世事变迁中恒久不变的赤子之心。斯人已逝，但他留给我们的精神财富仍值得深思。

没有虚伪与丑陋的童真世界

在丰子恺的散文、漫画作品中，有许多涉及儿童生活及儿童心理的描绘，他自称“儿童崇拜者”，用儿童般率真自然、淡然质朴的笔触勾勒着一个与成人社会全然对立的儿童世界。

大人们的一切事业与活动，大都是让人琢磨不透的；能庶几仿佛于儿童这珍贵的“赤子之心”的，只有宗教与艺术。故用宗教与艺术来保护，培养他们这赤子之心，当然最为适宜。从小被教以宗教的信仰，出世的思想，勿使其全心固着于地面，而眼光高远，志气博大，即为“大人”。否则，至少从小教以艺术的趣味。音乐、绘画、诗歌，能洗刷心的尘翳，使显出片刻的明净。即艺术能提人之神于太虚，使人得看清楚世界的真相，人生的正路，而不致沉沦，摸索于下面的暗中了。

作为艺术心、宗教心和“赤子之心”三位一体的童心，正是丰子恺毕生追寻的审美理想和人生态度。他厌恶成人世界的虚伪与丑陋，倾慕与热爱孩童世界中的率真童心。丰子恺曾这样说：“我向来憧憬儿童生活，尤其是那时，我初尝世味，看见了当时社会里的虚伪骄矜之状，觉得成人都已经失去本性，只有儿童天真浪漫，人格完整，才是真正的‘人’。于是变成了儿童崇拜者，在随笔中、漫画中处处赞扬儿童。现在回忆当时的意识，这是从反面诅咒成人世界的恶劣。”评论家林非曾对这段话这样分析：“他歌颂儿童的起因、动机和效果，在这里说的再明白不过了。的确，他往往用儿童生活的健全来反衬成人社会的病态，反省自己内心的异化，企图以此来唤醒童心，矫正世风，促使社会儿童化。”

丰子恺一生中经历过两次大的劫难，一次是抗日战争，一次是文化大革命。这不仅是他个人的劫难，也是整个中华民族的劫难，即使每日耳闻目睹的都是惨状，每天经历的都是痛苦，他依然初心不改，描绘着美好的童真世界。

可见可叹的赤子之心

即使在那个提倡西化的时代，丰子恺依然是偏爱中国传统文化的，他欣赏陶渊明的诗文，更欣赏陶渊明的为人。

陶渊明和丰子恺都喜欢读书、饮酒、音乐，都欣赏田园式的生活方式和自由自在的生活状态，都向往《桃花源记》中所呈现出来的理想社会。丰子恺于1947年创作的《赤心国》，就完全展现了自己心目中的理想国。

《赤心国》的故事背景是抗日战争时期，完全是《桃花源记》的现代版。正如《桃花源记》中的主人公“忘路之远近，忽逢桃花林，林尽水源，便得一山，山有小口，仿佛若有光”。《赤心国》的主人公“军官”

同样绝处逢生。他穿过漆黑漫长的山洞，忽然看见很细的一线光明从远处射进来，到了洞口，他向外一望，只见一片平原，平原外面还有汪洋大海。丰子恺在文中还特意指明“这里很像桃源洞”。在这个世外桃源中生活着大约500人，每个人胸前都有赤心，不过大小不太相同。王的赤心最大，其次是6个官，其余的都是民众，赤心越大就越敏感，500人中有一人没有衣服冷了，没有饭吃饿了，遇到危险了……王最先有同感，然后是6个官，最后是人民。能相互感知彼此需求的赤心国的国民们，一人冷而国民全部都冷，一人饿而国民全部饥饿，一人有危险而国民全部感到恐慌……因此大家会齐心协力，在第一时间帮助自己的同胞脱离困境，赤心国的人民也因此过着和平幸福的生活。

故事《明心国》同样发生在抗日战争时期，主人公“音乐教师”为躲避日军空袭走入无底的多福洞，来到了明心国。明心国的人心都如明镜一样挂在胸前，心里想什么别人都看得到，谁也瞒骗不了谁。

丰子恺渴望赤心国、明心国般的社会，但他也知道这样的大同世界是不太可能实现的，于是他只好到儿童的世界去寻找自己的“桃花源”了。比之于成人，儿童不正有着这样一颗赤心明心吗？读懂丰子恺的有情世界，便能理解他为何如此推崇儿童了。

·2·

爱是人间的休止符

从少年到老年，丰子恺给人的印象一直是平和淡泊，几乎没有改变过，即使是在文革期间经历过各种侮辱与打击，在饱受病痛折磨的生命后期，他的心中依然充满爱，既温柔又刚毅。一个人的非凡气度，是怎样炼成的？艺术与爱，又是如何支撑这个文弱书生坚强地面对世间的一切？

少年丰子恺的求学经历

丰家本经营有染坊，又有良田，一家生计完全不必发愁，小康生活尽管无忧。然而丰子恺的父亲生不逢时，中了举人便废除科举，没能做官。郁郁寡欢的丰父早早离世了，从此母亲担起了一家之主的重担，一人兼顾家事、店事、田事与所有应酬，还有一群孩子要照管，既为母又为父，其中的辛劳不难想像。不过这位母亲对自己的人生职责，并未有丝毫的懒惰与懈怠。

丰子恺在家里是个乖孩子，不但能写一手好文章，还会画画，礼教人品亦很周正。不仅深受家人宠爱，连邻里乡亲对他也格外喜欢。

少年时期的丰子恺虽有天赋，但仍需高明的先生做榜样，才能引他走上真正的艺术大道。没想到幸运之神真的成全了丰子恺，早已有两位百年难遇的先生在学校等候着他的到来。这两位先生，一位是教图画与音乐的老师李叔同，一位是教国文的老师夏丏尊。

丰子恺与李叔同相识时，这位“二十文章惊海内”的大师正值34岁的壮盛之年。这位在音乐、绘画、诗词与其他诸多领域均有精深造诣的先生，给人的第一印象是“温而厉”，丰子恺对他颇为畏惧。而夏丏尊这位中国新文学运动的先驱则完全不同，他生得圆头圆脸，很容易让人产生亲近感。这两位先生有着同样的才情与胸怀，但性情各异，一如严父，一如慈母。丰子恺直到生命的最后阶段仍保持着刚柔相济的气度，满心慈悲，与这两位先生的影响有着直接关系。

学画时，他谨遵李叔同“每一笔都要认真”的教诲，苦练实物写生；学音乐时，听先生说旁人琴弹错了，他也赶紧回去继续苦练；写文章时，则按照夏先生的要求，“不说空话，老实写”。

在两位先生的严格教导下，丰子恺进步飞快，快到令老师惊讶的程度。李叔同直说，自己教了许多年的书，从未见过像丰子恺这样进步神速的，实在是有天赋的青年。

关注现实

夏丏尊是个多忧善愁的人，因为把世界都放在了心上，国家、百姓、学校、学生……通通要皱着眉头为他们忧愁。既然活在世上，就要认认真真地生活，做有意义切实的事情。这样的言传身教令丰子恺受益良多。

丰子恺喜欢孩子，也给予孩子格外多的关注与同情。在当时那贫富差距极大的社会里，穷的大人固然苦，而穷孩子则更苦。“穷的大人苦了，自己能知道其苦，因而能设法免除其苦。穷的小孩苦了，自己还不知道，一味茫茫然地追求生的欢喜，这才是天下之至惨！”

穷孩子闻到隔壁人家饭香，也攀住自家的冷灶头哭着向娘要白米饭吃，哪里知道他家种出来的米，还粮纳租早已用完，根本轮不着自己吃。穷孩子看见邻家的孩子吃火肉粽子，知道那比自己手里的硬蚕豆好吃，也嚷着要吃，哪知道母亲做工赚来的钱还不够买米。棉被拿去当掉了，床上只剩稻草，可穷孩子根本不知道苦，只当是新游戏。母亲背着孩子去乞讨，别人不肯施舍还恶语相向，而孩子不懂辛酸只会自顾自地嬉笑。

人们看到这种苦痛时，最心疼的不是大人的穷苦，而是这种受苦而不知苦的小孩。为何称这是世间最凄惨的状态，丰子恺如此解释：

让人这好比看见初离襁褓的孩子牵住了尸床上母亲的寿衣而喊“要吃甜奶”，我们的同情之泪，为死者所流者少，而为生者所流者多。八指头陀咏小孩诗云：“骂之惟解笑，打亦不生嗔。”目前的穷人，多数好比在无辜地受骂挨打：大人们知道被骂被打的苦痛，还能呻吟、叫喊、挣扎、抵抗；小孩们却全然不知，只解嘻笑，绝不生嗔。

丰子恺将童年视为黄金时代，而这般的黄金时代着实令人感到酸楚。

人间大爱

在1937年日本发动全面侵华战争，丰子恺举家逃难之前，还经历了生命里的几件大事，需在此一提。

1918年，李叔同皈依佛门，入虎跑定慧寺，成为弘一法师，丰子恺与他的交流不再像过去上学时那样频繁，但在精神上依旧联系紧密。1927年，即将三十而立的丰子恺，在弘一法师的主持下正式信仰了佛教，法名婴行，成了一名在家居士。

信仰会在精神上给人们归宿感和安宁心。于是这师生二人相约要完成一本重要的书，由擅长绘画的丰子恺作画，由精通佛法的弘一法师撰文。这便是那本呼唤人类慈悲心、花落千万家的《护生画集》。《护生画集》

全套共六册。第一、二集的文字为弘一法师题写，第三集为叶恭绰撰写，朱幼兰题写了第四集和第六集，第五集由虞愚书写。前后相继，创作过程长达46年。弘一法师在世的时候，丰子恺先是把它看成送给弘一法师的寿礼；弘一法师圆寂之后，丰子恺又把它看成是对弘一法师的怀念。

“许多动物中，何以只有人讲道理呢？是为了人具有别的动物所没有的一件宝贝，这个宝贝名叫‘同情’。同情就是用自己的心来推谅别人的心。人间一切道德，一切文明，皆从这点出发。”“同情极度扩张，能把全人类看作一个身体。左手受伤，右手岂能独乐？一颗牙齿痛，全身为之不安。这样，‘一己’和‘大群’就不可分离。我就为‘小我’和‘大我’。小我就是一身，大我就是全群。”丰子恺的这番话可以看作他与李叔同师生二人合作“护生画”的初衷。有了同情心，人间大爱才能实现，才能为一切丑恶划上休止符。

·3·
精神独立，反对培养“小大人”

如今的孩子与过去相比，明显要成熟的早，少了幼稚天真，多了一些呆板和本不该有的“成熟”。也许有人觉得小孩子懂事早是好事，但在丰子恺看来“小大人”却是最悲哀的，失去童真的孩提时代是无趣的，更是不完整的。童年是美好的，在童年里有很多事是我们必须去体会的，那比早早懂事更加有趣有意义。

不要变成现实的奴隶

在丰子恺笔下的儿童世界里，房子的屋顶可以拆去，以便看飞机；眠床里可以长出花草，飞出蝴蝶，以便游玩；凳子的脚可以穿上鞋子；房间里可以筑铁路和火车站；亲兄妹可以做新郎官和新娘子；穿上爸爸的衣服好像自己就成了爸爸；天上的月亮可以让它下来……孩子们的身上只有天真的灵气。在现实与心灵的碰撞中，丰子恺对理想中的儿童生活更加憧憬了：

原来吾人初生入世的时候，最初并不提防到这世界是如此狭隘而使人窒息的。只要看婴孩，就可明白。他们有种种不可能的要求，例如要月亮出来，要花开，要鸟来，这都是我们个人不能控制的事，然而他认真地要求，要求不得，认真地哭。可知人的心灵，向来是很广大自由的。孩子渐渐长大起来，碰的钉子也渐渐多起来，心知这世间是不能应付人自由奔放的感情要求的，于是渐渐变成驯服的大人。自己把以前的奔放自由的感情逐渐地压抑下去，可怜终于变成非绝对服从不可的“现实的奴隶”。这是我们都经历过来的事情，是谁都不能否定的。我们虽然由儿童变成大人，然而我们这心灵是始终一贯的心灵，即依然是儿时的心灵，不过经过许久的压抑，所有的怒放炽盛的感情萌芽屡被磨折，不敢再发生罢了。这种感情的根，依旧深深地潜伏在做大人后的我们的心灵中。这就是“人生的苦闷”的根源。

然而，这个充满丰富想象力和旺盛生命力的童真世界，往往不能被成年人理解。成人会抱怨孩子淘气，禁止他们吵闹，很少站在孩子的立场为他们着想。在日常生活中，孩子们“不懂事”的表现正是自由的真正表达。

在儿童世界中，孩子都觉得自己最好。孩子们这种认为自己“好”

的心态，是普遍的共通的，他们不会虚伪的谦让，而是真正地、彻底地诚实。丰子恺的漫画《两个都好》《负伤》就表现了这样一幕。

丰子恺的孩子们——阿宝、软软把圆凳子翻转，让阿伟坐在里面，三个人一起玩抬轿子的游戏。突然不知谁失手，轿子翻倒，阿伟的头撞在地上，疼得哭了起来。乳母抱起阿伟，问："是谁不好。"阿宝说："软软不好。"软软说："阿宝不好。"阿宝又说："软软不好，我好！"软软也说："阿宝不好，我好！"阿宝哭了，说："我好！"软软也哭了，说："我好！"最后乳母说："大家好，阿宝也好，软软也好，轿子不好！"孩子们这才满意。

无忧童年是最美的黄金时代

与很多家长盼望孩子早早长大不同，丰子恺更希望孩子的童真能留得久一点。《送阿宝出黄金时代》一文中，当大女儿从不懂事的小孩子成长为懂得为父母分忧的大姑娘，丰子恺反而有些难过了。

记得去年有一天，我为了必要的事，将离家远行。在以前，每逢我要出门，你们一定不高兴，要阻住我，或者约我早归。在更早的以前，我出门须得瞒过你们。你弟弟后来寻我不着，须得哭几场。我回来了，倘预知时期，你们常到门口或半路上来迎候。我所描的那幅《爸爸还不来》，便是以你和你的弟弟等我归家为题材的。因为在过去的十来年中，我以你们为生活的慰安者，天天晚上和你们谈故事、做游戏、吃东西，使你们都感到家庭生活的温暖少不了一个爸爸，所以不肯放我离家。去年的一天，我要出门了，你的弟妹们照旧为我惜别，约我早归，我以为你也如此，正在约你何时回家和买些什么东西来，不意你却劝我早去，又劝我迟归，说你有种种玩意可以骗住弟妹们的阻止和盼待。原来，你已在我和你母亲的谈话中闻知了我此行有早去迟归的必要，决意为我分担生活的辛苦了。我此行感觉轻快，但又感觉悲哀。因为我家将少却了一个黄金时代的幸福儿。

让孩子保留自己的想法

丰子恺很反对成年人按照自己的的观念去干预孩子，还专门画过一幅《小大人》的画来讽刺成年人不顾孩子意愿，想让孩子过早成熟的做法：男孩被父母穿上小长袍马褂，戴上小铜盆帽，教他学父亲走路；女孩被父母带到理发店里去烫头发，在脸上涂脂抹粉，教她学母亲一样。这样的装扮根本不适合孩子活动，大人也根本不顾孩子是否喜欢。在丰子恺眼中，这样被大人刻意培养出来的“小大人”简直是“畸形发育的怪人”。

丰子恺的女儿丰一吟从小就不喜欢画画，而是对京剧着迷。父亲丰子恺并不会因为自己喜欢画画而强迫女儿也去画，更不会因为自己对京剧不感兴趣就阻拦女儿发展兴趣，反而尽力给她创造学习和欣赏京剧的机会，在同女儿一起听唱片、看演出的过程中，丰子恺居然也慢慢改变了对京剧的看法，喜欢上了这门艺术。据丰子恺的女儿丰一吟回忆，父亲知道她喜欢京剧，就为她买来旧唱片听，还专程带她拜访梅兰芳先生。拥有这样一位尊重儿童天性的父亲，丰子恺的孩子们实在是太幸福了。

·4·

在故事中寓教于乐

刊物《新儿童》是丰子恺幼女丰一吟非常喜欢的，丰子恺曾为该刊写过一篇《我与〈新儿童〉》，在文章中丰子恺是这样说的：

读过我的文章，看过我的儿童漫画，而没有见过我的人，大都想象我是一个年青而好玩的人。等到一见我，一个长胡须的老头子，往往觉得奇怪而大失所望。这样的人，我遇到过不知几百十次了。我自己也常常觉得奇怪，为什么我使他们奇怪？想了一想，我明白了。我的身体老大起来，而我的心还是同儿童时代差不多。因此身心不调和，使人看了奇怪。……我相信一个人的童心，切不可失去。大家不失去童心，则家庭，社会，国家，世界，一定温暖、和平而幸福。所以我情愿做“老儿童”，让人家去奇怪吧。

丰子恺经历了几十年的沧桑巨变，但他的作品却很能吸引孩子的目光，这与他那颗“老儿童”般的童心是分不开的，也正因为他的这颗童心，他的孩子才能愉快成长。

流亡岁月的故事会

孩子的学习不能局限于课堂，很多东西要靠家长的言传身教，丰子恺当然也很重视对子女的家庭教学。孩子初闻世事，便不忘施于各种教育。丰子恺家的家教形式是多种多样的，小孩都喜欢听爸爸讲故事，所以家庭故事会是最受欢迎的。

丰子恺常常把一些古文经典、中外历史、名人轶事以故事形式讲给孩子们听，寓教于乐。孩子们听得津津有味，收获自然也是颇多。抗日战争爆发后，丰子恺一家辗转多地，即使在艰难的逃难途中，丰子恺仍不忘用讲故事的方式来教导子女。

1939年10月，丰子恺受聘于西迁途中的浙江大学文学院，1940年初随浙大西迁至遵义。刚到遵义时，丰子恺一家住在“丁字口”附近的一个旅馆里，不久就搬至何家巷的浙大宿舍，在这里没住多久，又迁居到城北罗庄。

全家才刚刚安顿下来，丰子恺就着手给孩子们补习功课了。当时除1938年10月出生的幼子丰新枚尚小，其余六个子女都已经是学龄青少年了。迫于战乱，孩子们正规的课堂教学已中断许久，这些损失的学业必须补回来，丰子恺便请同在逃难迁移中的浙大学生来为孩子们补习数理、化学；他则亲自教授国文和英语。最重要的是，孩子们喜欢的家庭故事会又重新开幕了。

据丰一吟回忆：“在罗庄时，爸爸每周六晚上召集我们六个孩子开一次家庭学习会。为让学习会具有家庭聚会的欢乐气氛，爸爸还特别准备了糕点、果品。起初每次买五元，他便定名此会为‘和谐会’。用石门话来说，‘和谐’二字的发音与‘五元’近似。后来物价涨了，爸爸就买十元，并把这学习会改名为‘慈贤会’。‘慈贤’二字在石门话里读音与‘十元’近似。”

孩子们一边吃着零食，一边听父亲讲故事，真是开心极了。但故事不是听完就完了，故事讲完，丰子恺要求每人凭记忆把故事写下来，交父亲修改，这种办法不仅能锻炼孩子们的记忆力，还能培养孩子的文字表达能力。

以赤心明心观世界

如丰子恺所说：“茯苓糕不但甜美，又有滋补作用，能使身体健康。画与文，最好也是不仅形式美丽，又有教育作用，能使精神健康……笑话闲谈，我也不喜欢光是笑笑而没有意义。”丰子恺给孩子讲的故事正是这样的“茯苓糕”，他的故事背后总有一个教训。不过，我们也可以把教训理解为教育。

故事《一篑之功》中的寡妇为掘盐井花去了所有的积蓄，却一无所得，到了最后一天还典卖金钗款待工人，工人们深受感动决定再干三天不要工钱，结果在最后一天终于打出盐水了，这寡妇和她的子女从此发了大财。在这个故事中，丰子恺想告诉孩子的，不是传统的善有善报，他认为这是科学与毅力结合的成果，这才是推动文明发展的动力。

故事《猎熊》中，猎人远远看见一头大熊坐在涧水边，他就对准要害发出一枪。大熊危坐不动。他连发数枪，均中要害，大熊仍是危坐不动。他走近察看，看见大熊确实死了，血水正从颈中流下。但是两只前爪依然抱住一块大石头，危坐涧水边，一动也不动。猎人再走近去细看，才看见大石头底下的涧水中，有三头小熊正在饮水。大熊中弹之后，倘若倒下势必压死她的三个小宝贝。所以熊妈妈至死也不倒，直到猎人掇去了她手中的石头，方才倒下。猎人感动于母熊爱子之心，顿悟护生的道理，从此改业。这与丰子恺一贯的“护生”观念是相同的。

在故事《博士见鬼》中，博士解开了妻子牌位旋转的奥秘，不再“见鬼”。孩子们听完故事，不单收获了物理知识，还能学习以科学的精神面对生活，破除迷信。

无论是“写孩子”，还是“为孩子写”，丰子恺都能蹲下身子，从孩子的角度出发，以“笑话闲谈”渗透教训。因此，丰子恺笔下的教训，并不是枯燥乏味的教条，只有这样才能真正将教训送到孩子心中。

·5·
做个善知儿童心思的大朋友

丰子恺的很多创作灵感就来源于儿女的嬉戏，作为七个孩子的父亲，他的孩子们都曾经是他笔下的人物原型。他著名的漫画作品《瞻瞻的车》画的就是他的长子丰华瞻，《阿宝赤膊》描绘的则是他的长女丰陈宝。在丰子恺先生子女的记忆中，父亲的形象似乎和什么画家、散文家、教育家等高大的头衔没什么关系，在他们的印象里，丰子恺先生更多的是一位善知儿童心思的“大朋友”。丰子恺热爱孩童的天真与单纯，宁愿沉浸在孩子们的世界里不出来。

大孩子永远向往孩童的世界

儿童是天真幼稚的，他们的思维与成人不同。正常的生活琐事，在他们的眼中却有着另一番情趣。而热爱儿童的丰子恺自己也像个大孩子。

在丰子恺的女儿丰一吟眼中，父亲是个充满童心童趣的人。1932年年底，丰子恺结束了12年漂泊的教书生活，回到石门老家，决定亲自设计建房。丰子恺认为，“只有住正直的房子，才能涵养孩子们正直的天性。”

一年之后，一座雅洁幽静具有深沉朴素之美的中式建筑展现在世人眼前。丰子恺在上海请弘一法师为住所取名，弘一法师让丰子恺写一些字团揉成纸团抓阄，两次都抓到“缘”字，因而取名“缘缘堂”。这座艺术品般的房子建成后，著名书法家马一浮为“缘缘堂”题额。

在“缘缘堂”中，丰子恺和孩子们度过了他们共同的黄金时代。这里有一个儿童乐园，院子里修建了秋千，院内还种上了缤纷的花草树木。一到夏天，所有的孩子都放假归来，“缘缘堂”变得格外热闹。

因为爱所以懂得

丰子恺在一篇文章中写道：“我真心地疼爱孩子：他们笑了，我觉得比我自己笑更快活；他们哭了，我觉得比我自己哭更悲伤；他们吃东西，我觉得比我自己吃更美味，他们跌一跤，我觉得比我自己跌一跤更痛……”丰子恺之所以能成为孩子们的大朋友，与他对孩子发自内心的爱是分不开的。

在如何为人父这点上，丰子恺时常疑惑，他觉得自己与孩子们就像来自两个不同的世界，这些孩子比他要聪明也更健全，然而这些可爱的孩子竟是他所生，真是奇妙得不可思议。

“世人以膝下有儿女为幸福，希望以儿女永续其自我，我实在不解他们的心理。我以为世间人与人的关系，最自然最合理的莫如朋友。君臣、父子、昆弟、夫妇之情，在十分自然合理的时候都不外乎是一种广义的友谊。”

的确，丰子恺在生活中既是孩子们的父亲，也是他们的朋友，在战火纷飞的年代，他既要为家人遮风挡雨，还要慰藉他们的心灵。即使在最艰难的时刻他依然没有忘记爱，这是他留给孩子们最宝贵也令孩子们受益终生的财富。

与儿女立法

丰子恺对待儿女的态度是很开明的，1947年时他在杭州与子女立下“约法”。内容如下：

年逾五十，齿落发白，家无恒产，人无恒寿，自今日起，与诸儿约法如下：

（一）父母供给子女，至大学毕业为止。放弃者作为受得论。大学毕业后，子女各自独立生活，并无供养父母之义务，父母亦更无供给子女之义务。

（二）大学毕业后倘能考取官费留学或近于官费之自费留学，父母仍供给其不足之费用，至返日为止。

（三）子女婚嫁，一切自主自理，父母无代谋之义务。

（四）子女独立之后，生活有余而供养父母，或父母生活有余而供给子女，皆属友谊性质，绝非义务。

（五）子女独立之后，以与父母分居为原则。双方同意而同居者，皆属邻谊性质，绝非义务。

（六）父母双亡后，倘有遗产，除父母遗嘱指定者外，由子女平分受得。

丰子恺虽生活在旧时代，自己成长于传统家庭，自己的婚姻也是父母之命媒妁之言的旧式婚姻，但他对待子女的态度却比今人更加民主。从这份“约法”可以看出，他给儿女的爱是平等的，无论男女长幼受教育的机会也是平等的。丰子恺早年曾去日本短暂留学，因经济困难只维持了不足一年，但却收获良多。他的绘画和音乐，以及阅读日文和英文的能力都在那段时间进步巨大，因而也希望儿女们能上大学或出国留学，但不强迫。他满腔热情地爱着儿女，但不溺爱，供养只到“大学毕业”或“留学”期满为止。“约法”中（四）（五）两条尤其值得欣赏：让有“独立”能力的子女去过自己的生活，鼓励已经“独立”的子女与父母“分居”。子女独立了，与原生家庭之间也不再有什么“义务”，只有“友谊”和“邻谊”，这完全颠覆了中国“养儿防老”和“长宜子孙”的旧观念。

他深爱孩子，但不会以爱之名束缚孩子。他既不向儿女索取回报，也不过于溺爱，为他们安排一切，让儿女们走自己该走的路，过自己该过的生活。这才是一位真正的父母所为。

·6·

带着爱，四海皆为家

纵观丰子恺几十年的艺术生涯，绝大多数作品都充满暖暖的爱意，这与他的心境是分不开的。这样的幸福感与他幸福的家庭生活是绝对分不开的。带着这样一份浓浓的爱，即使一家人到处奔波也是幸福的，真正是四海皆能为家。

夫妻恩爱才能家庭美满

丰子恺早期的漫画里总是溢满家庭的温馨气息，这与他现实的幸福生活是分不开的。

丰子恺21岁时与徐力民结了婚。徐力民的父亲徐芮荪，是当年浙江省崇德县（今桐乡县）城中的富绅。徐芮荪任县督学期间，该县所属各校举行会考。丰子恺（当时名丰润）因在会考中成绩优异，受到徐芮荪的重视。徐芮荪看了丰润的文章，对他的文采十分满意，后又了解到，丰润乃该县石门湾已故举人丰鉁泉之子。

徐芮荪又专门到石门小学视察，查阅了丰润平时的课业，并见到了这位长相清秀的少年。徐芮荪对丰润很是喜爱，便请了媒人到丰家说亲，愿将长女徐力民许配给丰润。徐家是当地有名望的富户，可当时丰子恺的父亲已经去世，家中经济能力很差，母亲钟氏觉得家道中落高攀不起这门亲事，便婉言谢绝了。然而徐芮荪很有诚意，并不计较丰家的经济状况，他主动央人说媒不成，便亲自向丰母提亲。钟氏被徐家的诚意打动，终于答应了这门亲事。

1914年，小学毕业16岁的丰润与徐家长女定下亲事。

于1919年农历二月十二花朝节时为他们举行了婚礼。徐芮荪为女儿准备了全副嫁妆：除四橱八箱、枕山、被山等等之外，连米、水，甚至做寿材的木料也用红绫包好随嫁。不仅如此，还带来了一位名叫爱凤的姑娘，并为这个姑娘也备好了日后出门的嫁妆。徐力民的陪嫁之多，一时轰动了石门镇。据说当时丰家老屋惇德堂因负荷过重，曾格格作响，为防止搁檩折断，竟撑上了柱头。

今天面对文艺大师丰子恺先生，不管是选读他的《缘缘堂随笔》，还是看后人为丰子恺先生写的各类传记，从青年时期新婚燕尔到留学分别，从故乡“缘缘堂”田园生活到抗战时的颠沛流离，他总是与妻子相濡以沫，恩爱如初。

徐力民虽自小生活条件优越，但并无“骄”“娇”二气。她勤劳朴素，平易近人，持家有方，精心照料着家庭。虽说是媒妁之言的旧式婚姻，从青年时期新婚燕尔到留学分别，夫妻二人却恩爱相顾，一生相随。

丰氏夫妇子女颇多，徐力民因此家务繁重。每逢星期日，在外读书的孩子全部回家，她更是忙个不停。丰子恺的漫画《星期日是母亲的烦恼日》，正是家中生活的真实写照：画面中三个孩子正在打闹，一个孩子摔倒时打翻了水盂，倒地时刚好趴到了洒出的水中，正在嚎哭，另外两个孩子则拿木刀玩着打仗的游戏。被打歪的电灯、恼怒的母亲，玩兴正浓的孩子全部视而不见。这鸡飞狗跳的生活一景，何尝不是对这位夫人的感谢和赞美呢？

一个都不能少

1937年，虽然战火已在全国多地燃起，但石门湾还是平静的。大家都说，石门湾小地方，又没有设防，日本人不会来的，炮弹也是要花钱的。谁曾想，灾难就那么毫无预兆地降临了，连防空警报都没有的石门湾在日军的空袭中损失惨重。

石门湾待不住了。丰子恺是有名望的人，又懂日文，如果留下来不堪设想，大家宁可在自己的国土流浪，也不愿做亡国奴。然而该去哪呢？当时上海、嘉兴已经开战，杭州恐怕也要失守的。正在苦恼之际，马一浮从桐庐寄来的信让全家有了方向。

到了杭州，全家一大群人中，丰子恺的岳母成了问题。丰子恺的岳母当时已经70岁，在船上的一夜已经很难熬，再走几十里路可就吃不消了。一开始请人背了老太太，但没过多久发现还是不行，老太太的胸部因为压得太紧喘不上气，走不到10里便再也不能走了。难得的是，兵慌马乱的年月，竟然让丰子恺找到一顶轿子，这下老太太的问题解决了。

几经周折，好不容易到了桐庐，大家在那里度过了一段平静的幸福生活。然而好景不长，桐庐终究也要守不住了，长沙开明书店朋友的来信，邀请丰子恺去长沙。听说丰家要去遥远的长沙，大家都，70多岁的老太太不胜奔走之苦，带着她无法成行，劝大家把老太太留在那里，由他们帮忙照顾。征得妻子与岳母本人的同意后，丰子恺决定暂时把老太太寄宿在桐庐。丰子恺心中除了别离的难过，更为自己无力庇护这位本该颐养天年的老人，竟将她委弃在异乡的深山而愧疚。孩子们年纪还小，不懂得大人的忧虑和难处，但是对外婆都是有感情的。

在离开桐庐去往兰溪的船上，大家若有所失，一个孩子首先说破：“外婆悔不同了来！”言下各处响应。于是丰子恺改变了主意：“我在桐庐时看见公共汽车还通，便下个决心，喊船夫停船，派章桂上岸步行回船形岭，迎老太太下山，搭公共汽车到兰溪相聚。这时候杭州快要失守，富阳桐庐一带交通秩序混乱。我深恐此事难得圆满。谁知章桂果能完成其使命：带了一位70岁的老太太，搭了最后一班的公共汽车，与我们差不多同时到达兰溪。好像是天教我们一家始终团聚，不致离散似的！”

丰子恺一家在战时辗转多地，历经磨难。1945年1月25日，这位老太太没能看到抗战胜利就与世长辞，享年76岁。殡葬时，丰子恺以岳母的口吻写了一副挽联：“我无遗憾，但望于凯歌声中归葬故里；尔当自强，务须在国难声中重振家声。”

所谓家，不过就是一个停泊的港湾，正如丰子恺说过的：“我是无‘家’可归的。既然无‘家’可归，就不妨到处为‘家’。”的确，只要有爱，不管在哪里，都是家。

·7·

你若爱，生活哪里都可爱

丰子恺先生对生活是非常热爱的，他那些优秀的作品经历了半个多世纪的时光，依然带着耀眼的光彩，不曾褪色。丰子恺先生生活的年代，正是中国经历巨大变革的时期，风起云涌，人们的生活很不安定。然而除了抗日战争时期，在他的笔下我们几乎看不到痛苦、愤怒这类极端的情绪，丰子恺给人的印象一直是悠然自得的。是什么让他的生活这么可爱呢？

手写的结婚证书

1941年，在战火中艰难奔波的一家人在遵义安顿下来，丰子恺便请人来为子女们补习功课，年轻的宋慕法就是孩子们的家庭教师之一。当时丰子恺的大女儿丰陈宝已经完婚，二女儿丰宛音19岁了，也到了该谈婚论嫁的年纪。宋慕法和丰宛音在长期的交往中渐生爱意，丰子恺便顺应女儿心意，同意了这桩婚事。

当时正值国难当头，到处都兵荒马乱，也没有结婚登记处了。丰子恺便为女儿女婿手写了一张结婚证书，清晰地写明了新郎、新娘的籍贯和出生年月、介绍人及婚礼举办的时间地点，最后标明：结婚人、证婚人、介绍人，还有主婚人舒鸿太太、丰子恺。婚礼当天，高朋满座，大家欢聚一堂，难得在逃难期间还会有这样一件喜事。

“牛”一样的男孩

“千里故乡，六年华屋，匆匆一别俱休。”抗日战争爆发后，丰子恺一家老少十余口为躲避日寇的轰炸，不得不离开仅住了没多久的“缘缘堂”。辗转来到桂林后，一家住在泮塘岭，而丰子恺教书的学校在乡下，从泮塘岭到学校，还要走不少的路。此时，丰子恺的妻子徐力民已经有了身孕，家里只有小女儿丰一吟和大女儿丰陈宝陪着妈妈。

有一次丰子恺去上课，回来的路上，正巧碰到要去叫他的章桂。章桂是丰家祖上染坊店的学徒，随着丰子恺一家一路奔波，在逃难的路上起了很大的作用。当时徐力民已经要生了，且是难产，要丰子恺赶快赶到医院去签字。

也算幸运，刚巧碰到了一辆顺路的小汽车经过。但车上人已坐满，“爸爸挤在司机的靠背上，屁股靠着司机，人弯成‘S’型。”丰一吟事后听爸爸给她讲赶来医院的故事。

到了医院，医生问丰子恺，如果不能全保，保大还是保小？丰子恺没有犹豫，当然要保妻子。所幸母子平安。

这个孩子出生时是脚先出来，被医生拉了一下，脚是瘸的。医生说没关系，以后会好。后来果然没事。

不久，这个刚出生的男婴就和母亲一起回家了。当时丰家的条件很差，这个新生的男婴只能和妈妈住在一间用牛棚改造的房子。对于儿子住牛棚的事丰子恺也不觉得委屈，只说：“很好，将来他的气力大的象头牛。如果笨的象头牛，也不要紧，中国的聪明人太多了。”

最艰苦的生活也有可爱之处

1942年11月，丰子恺应当时国立艺术专科学校校长——他在日本游学时结识的好友、花鸟画家陈之佛邀请，同全家来到重庆。丰子恺对山城重庆颇为喜欢，这里除了有战时难得一见的繁华景象，还有众多旧友。

刚到重庆最初的半年多时间里，丰子恺一家一直寄居在朋友和学生家，但考虑到抗日战争可能会旷日持久，丰子恺便以刚到重庆时举办个人画展所得收入在沙坪坝正街以西的庙湾租地，自建住房。这是一所极为简陋的平屋，用竹片编成墙壁，涂以垩土，属典型的“抗建式”风格，与在战火中焚毁的“缘缘堂”相比简直是天壤之别。丰子恺将这所同样由他本人设计的小屋命名为“沙坪小屋”。

沙坪小屋的条件很差，时常有老鼠出没，而且位置荒僻，让人感到孤寂苦闷。就在这里，丰子恺写下了被选入语文教材的《白鹅》。“在这荒凉岑寂的环境中，这鹅竟成了一个焦点。凄风苦雨之日，手酸意倦之时，推窗一望，死气沉沉；惟有这伟大的雪白的东西，高擎着琥珀色的喙，在雨中昂然独步，好象一个武装的守卫，使得这小屋有了保障，这院子有了主宰，这环境有了生气。”这只鹅给闲居陋室的丰子恺带来了很大的安慰，以致在离开重庆的前夕，丰子恺将鹅送人时产生了与朋友诀别的伤感。

因为有爱，即使是逃难的生活也是可爱的。

·8·

所谓知己，志同道合也

所谓知己，指的是朋友中真正了解、理解，能懂得自己所想所思的人，这种关系比一般朋友更密切，更珍贵！丰子恺先生性格谦和，一生朋友很多，更不乏这样的知己，下面就说几个最具代表性的。

丰子恺与李叔同、夏丏尊

民国二十六年，也就是1937年的秋天，“卢沟桥事变”才刚刚爆发不久，丰子恺从南京回杭州，中途在上海下车，到梧州路去看夏丏尊。夏丏尊见到丰子恺丝毫不见喜悦之情反而满面忧愁，说一句话，叹一口气。丰子恺因为要乘当天的夜车返杭，只得匆匆告别。他说：“夏先生再见。”夏丏尊却生气似的愤然答道：“不晓得能不能再见！”同时又用凝注的眼光，站立在门口目送丰子恺离去。因为夏丏尊向来多愁善感，丰子恺也未多想。岂知这一次真成了他们的最后一面，果然这一别便“不能再见了”！

夏丏尊与李叔同具有同样的才情与胸怀，但性格不同，他们对待学生如同子女一样。丰子恺称“李先生的是‘爸爸的教育’，夏先生的是‘妈妈的教育’”。

李叔同在做老师的时候，以身作则，话不多，即便和颜悦色，学生对他也是有些惧怕的。上课时他一定先到教室，把应写的都在黑板上先写好，然后端坐在讲台上等学生到齐。学生在还琴时弹错了，他举目一看，但说：“下次再还。”有时他还没开口，学生光吃他一眼，自己请求下次再还了。

夏丏尊则不然，虽为师长，却毫无矜持，学生便嬉皮笑脸，同他亲近。偶然走过校庭，看见年纪小的学生弄狗，他也要管：“为啥同狗为难！”放假日子，学生出门，夏丏尊看见了便喊：“早些回来，勿可吃酒啊！”学生笑着连说：“不吃，不吃！”赶快走路。走得远了，夏丏尊还要大喊：“铜钿少用些！”学生一方面笑他，一方面实在感激他，敬爱他。他当舍监的时候，学生们私下给他起了个诨名叫“夏木瓜”，但并非出于恶意。他对学生如对子女，率直开导，不用敷衍、欺蒙、压迫等手段。学生们最初觉得忠言逆耳，见他生的圆头圆脑，就给他起了这个诨名。后来大家都知道夏丏尊是真爱学生，这绰号就变成了爱称而沿用下去。凡学生有所请愿，大家都说：“同夏木瓜讲，这才成功。”如果请愿合乎情理，他就当作自己的请愿，而替学生想办法了。

对于这两位人生导师，丰子恺是这样说的：

李先生不是“走投无路，遁入空门”的，是为了人生根本问题而做和尚的。他是真正做和尚，他是痛感于众生疾苦而“行大丈夫事”的。夏先生虽然没有做和尚，但也是完全理解李先生的胸怀的；他是赞善李先生的行大丈夫事的。只因种种尘缘的牵阻，使夏先生没有勇气行大丈夫事。夏先生一生的忧愁苦闷，由此发生。

丰子恺与朱光潜

1922年夏天，朱光潜从香港大学毕业，通过同班好友高觉敷的介绍，结识了中国公学的校长张东荪，旋即应张校长之约，到中国公学中学部任英文教师。不久，学校在军阀混战中停办了。朱光潜便由朋友夏丏尊介绍到浙江上虞白马湖的春晖中学教英文。在短短的几个月间，朱光潜与丰子恺、朱自清等人结下了终身的友谊。

丰子恺在课余或闲暇时，经常与朱光潜等人结庐湖畔，饮酒酬唱，谈艺论文。在春晖中学几个月后，由于该校校长专制作风，丰子恺、朱光潜等人愤起辞职，离开学校，到上海另谋生路。

在匡互生等人的组织下，丰子恺、朱光潜、茅盾、陈望道、叶圣陶、胡愈之、夏衍、徐中舒、周予同、刘大白、陈之佛几位朋友参与成立了一个立达学会，并在江湾办了一个立达学园，丰子恺任常务委员兼西洋画科主任，朱光潜任委员并在学园教授英文，他们的办学宗旨是坚持教育独立自由，矛头直指北洋军政府的专制教育。

丰子恺和朱光潜等人还开办了一个与立达学园紧密联系的开明书店，和以中学生为主要读者的刊物《中学生》。学会、学园、刊物的诸多事宜，丰子恺都是与朱光潜、徐中舒等人一起积极筹备、创办的。丰子恺总是笑容可掬，他尽自己所能多参与繁忙的事务，却仍能给人以清闲自在的感觉。

这群志同道合的朋友在办学办刊中宣传并践行着自己的理想与抱负，但只要有闲暇，大家仍会嚼着豆腐干下酒谈天。朱光潜常用“清”“和”两字来概括子恺的人品，还称赞他胸有城府“和而不流”。朱光潜回忆说，那时丰子恺的神态是经常在欣然微笑，无论是对他的知己朋友，或是对他幼小的儿女，还是对自己的漫画和木刻，他总是浑然本色，既好静又好动，没有一点世故气。

1925年，朱光潜考取安徽的官费留学生，留学英、法、德八年，1933年学成回国后，由徐中舒的介绍到北京大学文学院院长胡适处，朱光潜被聘为北京大学西语系教授。抗日战争爆发后，应新任代理四川大学校长张颐之请，朱光潜到四川大学文学院当了院长。在川大教书仅一年，陈立夫、陈果夫等人就要撤张颐的校长职务，改任他们手下的“四大金刚”之一程天放为校长。朱光潜带头挥动“教育自由”的旗帜，掀起轰动一时的“易长风波”。

抗战胜利后，丰子恺与朱光潜在四川又重逢。朱光潜回忆说：“抗战胜利后，弘一法师去世。子恺还不远千里由贵州跑到四川嘉定，请马一浮为他的老师作传。当时我也在嘉定，乱离中久别重逢，他是欣然一笑。我从此体会到他对老师的情深之真挚……”解放后，丰子恺和朱光潜都当上了全国政协委员。最后一次来北京参加全国政协大会时，丰子恺的身体已不太好了。

1975年，因为在“文革”中受到迫害，丰子恺这位上海文联原副主席、上海书画院院长积郁成疾，染肺病去世。朱光潜深为老友惋惜不平。朱光潜后来缅怀丰子恺时写道：“……他是中国现代第一个漫画家和木刻家，他对画艺的功绩，将来历史会有公论的……他对艺术的忠实和对师友的风度，不禁有人往风微笑之感而已。”

通过丰子恺与这些至交好友的交往，我们也能感受到他不凡的人格魅力。

·9·

关切人生，近乎人情

丰子恺的思想中蕴含着丰富的中国传统文化精神，儒家观念和佛学思想对丰子恺都有巨大的影响，佛学思想让丰子恺始终饱含着对“人”的关怀，而儒家观念使他的作品中始终闪烁着“仁”的光辉。“仁者爱人”成为丰子恺艺术人生观的中心思想，正因如此，我们才能看到丰子恺那些充满人情与智慧的作品。

艺术“人生化”与人生“艺术化”

“人”与“人生”一直都是丰子恺所关注的，他的艺术创作、艺术理论观点无不以此为中心。20世纪20年代盛行着“为艺术的艺术”与“为人生的艺术”的观点，丰子恺对二者都是反对的，“我们不欢迎‘为艺术的艺术’，也不欢迎‘为人生的艺术’。我们要求‘艺术的人生’与‘人生的艺术’”。他认为，艺术的根本原则是关切人生，近乎人情。

丰子恺与老同学曹聚仁断交，源于一顿饭。在席间，曹聚仁忽然问丰子恺，孩子中有几人喜欢艺术？丰子恺带着遗憾回答，一个也没有。曹聚仁却说很好。这让丰子恺颇为不满，“我的儿女对于‘和平幸福之母’的艺术不甚爱好，少有理解。我正引为憾事，叹为妖孽。聚仁兄反说‘很好’，不知其意何居？”

丰子恺从不认为艺术是无用的，即使在战火纷飞的岁月，他始终坚持艺术具有亲和力，用途很大。一切艺术对人生都是有用的，不过有的直接有用，有的间接有用罢了。“世间一切文化都为人生；岂有不为人生的艺术呢？”丰子恺的漫画、散文、音乐等作品大都是密切结合现实，以写实为主的，呈现出浓厚的生活气息。丰子恺的漫画，例如《病车》《高柜台》《馄饨担》《卖花女》《二重饥荒》《贫民窟之冬》等，或刻画普通老百姓的日常生活，或反映重大历史事件的真实面貌；丰子恺的散文也大都与生活相关，有探究人生和自然玄理的，有回忆自己生活经历和创作过程的，有描写日常生活见闻、反映世态人情的。这些都体现了他对现实人生的态度。

在国难当头之际，丰子恺期望通过发挥艺术的“实用性”达到治国安民，甚至抗日救亡的目的。丰子恺将关注现实人生的艺术观贯穿于自己的创作实践中，通过自己的创作反映现实、批判社会。但与鲁迅等人面对黑暗现实所发出的激烈抨击相比，丰子恺对社会的批判要温和得多。

国学大师马一浮与丰子恺交往甚深，他在看过丰子恺的画集《人间相》后，希望丰子恺改变对社会现实的关注角度，应以理想之美改现实之恶，用佛学普渡众生。但丰子恺则对此表达了自己的无奈：“我的画集《人间相》所描的实在是地狱相，非人间相。明知讽刺乃小道，但生不逢辰，处此末劫，而根气复劣，未能自拔于小道，愧恨如何！”

在红尘间高歌

对于丰子恺的画作，朱光潜认为可分两类：一是拈取前人诗词名句为题材的，如《指冷玉笙寒》《月上柳梢头，人约黄昏后》《黄蜂频扑秋千索，有当时纤手香凝》《人散后，一钩新月天如水》等；另一类是现实中有趣的人物形象，如《苏州人》《花生米不满足》《病车》等。前一类不但有诗意，而且极富现实感，人是现代人，描绘的情景也是现代的；后一类不但直接来自现实生活，而且也不乏诗意和谐趣。

丰子恺反对远离现实生活的艺术，认为艺术不讲社会意义，一味仿古守旧，就会陷入形式主义与复古主义，“为什么现代的中国画专写古代社会的现象，而不写现代社会的现象呢？例如人物，所写的老是高人、隐者、渔翁、钓叟、琴童、古代美人；为什么不写工人、职员、警察、学生、车夫、小贩呢？”“现代人要求艺术与生活的接近，中国画在现代何必一味躲在深山中赞美自然，也不妨到红尘间来高歌人生的悲歌，使艺术与人生的关系愈加密切，岂不更好？”

1933年春至1938年1月，丰子恺在故乡石门湾度过了大约五年的悠闲生活。期间，他常租赁一条“写生画船”，“把自己需用的书籍、器物、衣服、被褥放进船室中，自己坐卧其间。听凭主人摇到哪个市镇靠夜，便上岸去自由写生”。1934年6月初的一天，写生船停在了一家小杂货店旁，店外的草地上，停着一副剃头担。丰子恺从船窗里可以望见剃头担的全部，“凝神纵目，眼前的船窗便化为画框，框中显出一幅现实的图画来”。

从丰子恺的散文，我们发现，他的写实漫画几乎都有其特定的实际生活背景。丰子恺曾“目击一个事实”，做出了漫画《去年的先生》：去年小学里当先生的，今年已改做小贩，挑着担子卖水果。因为当时小学教师待遇太薄，竟然有年俸大洋20元、膳食自理的。小学里的先生不能养家糊口，只好改业，没办法的就只得做小贩，像画中这位先生般挑着担子卖水果。漫画《夫妻》中描绘的是一对老夫少妻，据丰子恺子女回忆，当时富人家若无子嗣，一定要纳妾；当时常有十八九岁的扬州少女嫁到石门湾富家为妾，甚至年龄有悬殊至四五十岁的。

虽然时代变了，人们的艺术文化生活愈发丰富，但《子恺漫画》和《缘缘堂随笔》至今还为人们津津乐道，可见“关切人生，近乎人情”是多么具有生命力啊。

·10·
喝酒是一种真情流露

丰子恺生于浙江，长于浙江，对绍兴酒相当的喜欢，其漫画作品中也包含着大量与酒相关的，如《把酒话桑麻》《置酒庆岁丰，醉倒妪与翁》《酒能祛百虑，菊为制颓龄》《晚来天欲雪，能饮一杯无》《一枝摘取樽前看，犹是去年寒食心》等等。

丰子恺对酒情有独钟，并称自己为“酒徒”，但并不是饮酒无度的人。有一次，他跟朋友谈到《论语》中的“惟酒无量，不及乱”时说：“古代人吃酒，是用音乐伴奏的，‘乱’是指音乐的末尾，‘不及乱’，就是叫吃酒的人不要拖到音乐的末章，酒还不停止。依我看，不妨把‘不及乱’解释为‘不要吃得糊里糊涂’更为确切。”在丰子恺看来，饮酒不仅是一种艺术，更是在追求一种兴味和人生的快乐。

快乐的酒

1922年，丰子恺从日本游学回国，在浙江上虞春晖中学教授图画和音乐，与朱自清、朱光潜等人结为好友，常在一起“酒聚”。吃酒谈天，慢斟细酌，各人到量尽为止。

后来这几位朋友先后来到上海，办起立达学园，延续白马湖畔的“酒聚”习惯。开明书店开张后，干脆名正言顺地办起了“开明酒会”，并且明确制定入会条件：必须具有一次喝下五斤绍兴加饭酒才能入会。当时夏丏尊、丰子恺、叶圣陶、郑振绎和开明书店的章锡琛经理全都达到入会条件。这个酒会每周举行一次，许多组稿、编辑、出版、展览等事宜都是在酒会中达成。

丰子恺的学生钱君陶也想入会，但苦于只能喝三斤半绍兴老酒，章锡琛不同意吸收他入会，幸好夏丏尊仁慈为他说好话：“君陶积极要求入会，值得鼓励，尺度略可放宽，打个七折吧！”在人们敦促努力争取达标的呼声中，钱君陶终于破格入会，而且不久也能喝下五斤绍兴加饭酒了。

丰子恺在日本时结识了一个名叫黄涵秋的留学生，与丰子恺同样爱酒，且富有闲情逸致，两人在日本时就常一起喝酒，丰子恺在上海时两人依然经常酒聚。丰子恺在《吃酒》一文中，回忆了与这位友人相处的经历：

吃酒的对手还是老黄，地点却在上海城隍庙里。这里有一家素菜馆，叫做春风松月楼，百年老店，名闻遐迩。我和老黄都在上海当教师，每逢闲暇，便相约去吃素酒。我们的吃法很经济：两斤酒，两碗“过浇面”，一碗冬菇，一碗十景。所谓过浇，就是浇头不浇在面上，而另盛在碗里，作为酒菜。等到酒吃好了，才要面底子来当饭吃。人们叫别了，常喊作“过桥面”。这里的冬菇非常肥鲜，十景也非常入味。浇头的分量不少，下酒之后，还有剩余，可以浇在面上。我们常常去吃，后来那堂倌熟悉了，看见我们进去，就叫“过桥客人来了，请坐请坐！”现在，老黄早已作古，这素菜馆也改头换面，不可复识了。

痛苦的时候更需要酒

抗战期间，丰子恺一家在重庆郊外沙坪坝避难，尽管生活艰苦但闲暇之余，照样喜欢吃两杯。晚酌是一天中的乐事，是对自己白天笔耕的一种慰劳，好比下力气的需要吃酒解乏一样。丰子恺钟爱的是绍兴花雕，然而战时物资奇缺，根本吃不到花雕，丰子恺只能将就着吃重庆当地仿制的黄酒。此酒使人醺醺而不醉，很合丰子恺心意。

丰子恺认为晚餐是一天大团圆的时刻，如果只有饭菜而没有酒，大家匆匆地把肚皮吃饱就散了，实在过于功利。当时丰子恺几个儿女都在学校求学，正好可以在晚饭时听他们汇报一下学校的情况或学业的进展。他说：“他们的身体在我的晚酌中渐渐高大起来。我在晚酌中看他们升级，看他们毕业，看他们任职。就差一个没有看他们结婚。在晚酌中看成群的儿女长大成人，照一班的人生观说来是‘福气’，照我的人生观说来只是‘兴味’。”

丰子恺就这样在晚酌中看着子女们长大成人，也这样看着抗战局势一天天好转起来，直到日本无条件投降。战争结束后，丰子恺回到浙江老家，每天都能喝到真正的绍兴花雕，可又不禁地怀念起沙坪坝的渝酒香了。

丰子恺晚年颇为坎坷。丰一吟在《回忆我的父亲丰子恺》一文中，曾叙及：“‘狂妄大队’闯入画院，把他按倒在地，再踏上一脚，并在他的背上浇一桶热糨糊，粘上大字报。跪得时间太久，站起来起来踉踉跄跄，又跌倒了……无情的皮鞭往他身上抽……那天他回得家来，虽然强作镇静，拼命讨酒喝，可是背上硬壳似的糨糊迹最也瞒不过我们。眼看着老父亲遭受这样无情的折磨，我和母亲痛心得哭起来，可是父亲反过来安慰我们说：‘我不是照样回来喝酒了吗？不要去谈这些，不要管它，给我把酒斟满一点！’”

酒是丰子恺生活中不可或缺的一部分，既丰富了他的生活，也为他的创作带来诸多灵感与激情。而在人生低谷时，也只有酒才能抚慰丰子恺的心……

NO.2

吾爱童子身，莲花不染尘

——丰子恺谈童真人生

丰子恺是佛教徒，他以一种感知的方式接纳活的、具体化的佛教，确切地说，那是一种俗化的融合了艺术、美与儿童的宗教感，是一种完美的社会理想，而不是由佛、法、僧所构成的严谨的佛家理论。尘世间的童心契合了丰子恺心中完美的社会理想，因而佛光烛照中的丰子恺就将笔伸向了儿童，以儿童世界的无邪洁净寄托对理想社会的憧憬。

·1·
用孩子的眼睛看世界

丰子恺的作品中，有很多是关于孩子和动物的。1932年，由叶圣陶编写、丰子恺绘画的《开明国语课本》，经国民政府教育部审定，成为初等小学国语课本。直到现在，我们的语文课本中仍收录有丰子恺的作品。以致有人以为丰子恺是纯粹的儿童文学作家。其实，他之所以能将儿女们童真稚拙的生活、游戏的描绘得如此生动，展现儿童的纯洁，渲染他们的有情世界，全赖于丰子恺那双孩童般的眼睛。正是这双眼睛将孩子的想象力、创造性和同情心推向极致。

孩子给我们的启示

在文章《从孩子得到的启示》，丰子恺记录了这样一件家庭琐事：

晚上喝了三杯老酒，不想看书，也不想睡觉，捉一个四岁的孩子华瞻来骑在膝上，同他寻开心。

我随口问："你最喜欢什么事？"

他仰起头一想，率然地回答："逃难。"

我倒有点奇怪："逃难"两字的意义，在他不会懂得，为甚么偏偏选择它？倘然懂得，更不应该喜欢了。

我就设法探问他："你晓得逃难就是甚么？"

"就是爸爸、妈妈、宝姊姊、软软……娘姨，大家坐汽车，去看大轮船。"

啊！原来他的"逃难"的观念是这样的！他所见的"逃难"，是"逃难"的这一面！这真是最可喜欢的事！

当时北伐的战火已经烧到了上海，丰子恺这种向来不关心时事的人也知道战事吃紧了。有一天，丰子恺正在看报，忽闻上海方向的枪炮声传来，赶紧带着家人躲进了附近江湾车站对面的妇孺救济会。救济会里面地方很大，有花园、假山、小川、亭台、曲栏、长廊、花树、白鸽，孩子一进去，就高兴得撒欢了。不久听到兵车从墙外驶过，枪炮声也越来越近越来越密了。只好又雇车逃往沪江大学。傍晚时分，孩子们在黄浦江畔的青草地上快乐地玩耍，争看帆船、轮船驶过，对他们来说这就是一次难得的全家出游。

过程比目的更重要

在丰子恺眼中，孩子有着最健全的心智，所以不为世俗所缚，言行举止全无矫饰。丰子恺喜欢儿童，欣赏儿童，所以喜爱用孩子的眼睛观察世界，用孩子的心感受万物，用纸和笔留住孩子的天真无邪。他写孩子，写出了儿童世界的广大。他画孩子，哪怕只有寥寥数笔，就能使孩子的情态跃然纸上。

丰子恺一家在抗战期间曾经历了艰难的逃难生活，饱尝风餐露宿、颠沛流离之苦，还要小心日军的空袭。等全家人好不容易安顿下来后，他和两个孩子说："我们再也不用跑了，可以有个安稳的家了。"他的女儿却不高兴地问："为什么？"丰子恺说："我们有了家不好吗？"女儿说："每天在路上多好玩呀。"丰子恺并没有责备女儿，而是从孩子的谈话中反省自己。成人的痛苦是因为把目的看得太过专注。而对孩子来讲，过程更加重要。他们不能理解大人的辛苦与恐慌，只是看到每天在路上能遇到不同的人物和景色，吃到不同的东西，睡在不同的地方。

这些本身都是有意思的事情，为什么我们大人就没有这样的心情呢？如果我们把每一天当作旅游，会不会觉得过程很愉快呢？ 同样的事物，带给孩子与成人的是两种完全不同的体验，女儿的话给了丰子恺另一种思路，也为他带来了另一种心境。

丰子恺喜爱孩子，既是出于为人父的本能，也是受到了佛学的影响。佛教基本的人生观就是“苦”，“一切皆苦”。四圣谛是释迦牟尼体悟的“苦”“集”“灭”“道”四条人生真理，告诉人们人生的本质是苦，以及之所以苦的原因、消除苦的方法和达到涅槃的最终目的。世事没有恒定，一切都是变化无常的，没有安乐，只有痛苦。想要解脱，就只能净化心灵，在道德上自我完善。丰子恺认为，人在世上活得越久，就越迷失自己的心性，就像饮酒一样，年纪越长，越是醉眼朦胧，只有儿童的心较少地被尘世所蒙蔽，才能够超越无常，抛开苦难，成为最真最完全的人。

“我们所打算、计较、争夺的洋钱，在他们看来个个是白银的浮雕的胸章；仆仆奔走的行人，扰扰攘攘的社会，在他们看来都是无目的地在游戏，在演剧；一切建设，一切现象，在他们看来都是大自然的点缀，装饰。”

丰子恺从孩子那里得到了启示——看事物本身的真相。这样的启示，在我们今天的世界也是一样的。

· 2 ·

勿忘童年好时光

尚“真”是丰子恺生命境界中价值追求的核心，集中展现在对童心的至真追求上。我国古代很多思想家都追求童心。老子主张人应该“返璞归真”，回到如婴儿般最自然最真实的状态。孟子则说：“夫大人者，能不失其赤子之心也。”赤子之心即童心。明代李贽提出著名的“童心说”，他认为，“夫童心者，真心也。若以童心为不可，是以真心为不可也，夫童心者，绝假存真，最初一念之本心也。”可见，中国传统文化之所以偏爱童心正是因为对“真”的追求。

大家所熟悉的冰心也是同样赞美童真的作家。冰心对童心博爱的赞美比较单纯，相比之下，而受中国传统文化影响甚深的丰子恺在表现儿童时则更具有浓厚的人情味。

丰子恺在乡村生活中度过了无忧无虑的童年，故乡自然、宁静、悠闲的乡居生活让他看到了最质朴、平和的人性光彩。童年生活在丰子恺心中播下了尚“真”的种子，童年的单纯与快乐使他一直保持着童真之心，这是十分难能可贵的。

养蚕

丰子恺的祖母是一个豪爽而善于享乐的人，每年都大量养蚕，却并非专为图利，甚至还常常赔本，然而她就喜欢这暮春的点缀。丰子恺所喜欢的，最初是蚕落地铺。

他回忆道：“那时我们的三开间的厅上、地上统是蚕，架着经纬的跳板，以便通行及饲叶。蒋五伯挑了担到地里去采叶，我与诸姐跟了去，去吃桑仁 。蚕落地铺的时候，桑仁很紫而甜了，比杨梅好吃得多。我们吃饱之后，又用一张大叶做一只碗，来了一碗桑仁，跟了蒋五伯回来。蒋五伯饲蚕，我就以走跳板为戏乐，常常失足翻落地铺里，压死许多蚕宝宝，祖母忙喊蒋五伯抱我起来，不许我再走。然而这满屋的跳板，像棋盘街一样，又很低，走起来一点也不怕，真是有趣。这真是一年一度的难得的乐事！所以虽然祖母禁止，我总是每天要去走。”

蚕上山之后，全家静静守护，那时不许小孩子们噪了，年少的丰子恺暂时感到沉闷。然而过不了几天又会热闹起来，到采茧做丝的时候了。

蒋五伯每天买枇杷和软糕来给采茧、做丝、烧火的人吃。大家认为现在是辛苦而有希望的时候，应该享受着这些点心，都不客气地取食。丰子恺此时也能沾光天天吃上大量的枇杷与软糕，这也是一件乐事。

丰家每年照例请牛桥头的七娘娘来做丝。七娘娘做丝休息的时候，捧了水烟筒，伸出她左手上的短少半段的小指给丰子恺看，对他说，做丝的时候，丝车后面，是万万不可走近去的。她的小指，便是小时候不留心被丝车轴棒轧脱的。她还对丰子恺说：“小团团不可走近丝车后面去，只管坐在我身旁，吃枇杷，吃软糕。还有做丝做出来的蚕蛹，叫妈妈油炒一炒，真好吃哩！”然而丰子恺一家始终没吃过蚕蛹，他所乐的，只是那时候家里非常温馨的气氛。日常固定不动的堂窗、长台、八仙椅子，都收拾去，而变成不常见的丝车、匾、缸。当然更开心的是，可以大大方方地随便吃零食了。

丝做好后，蒋五伯会唱起“要吃枇杷，来年蚕罢”。等收拾了丝车，恢复了平日的陈设，留给丰子恺的是一种兴尽的寂寥。然而对于这种变换，倒也觉得新奇而有趣。

丰子恺直到成人后再回忆儿时养蚕的往事，仍是幸福甜美的。在他七岁时祖母死了，他家便不再养蚕，只为他留下了永远神往的回忆。

钓鱼

少年时代与小伙伴一起钓鱼的经历，也是丰子恺最美好的童年回忆之一。

当时丰子恺有十二三岁的年纪，隔壁豆腐店里的王囡囡是丰子恺要好的小伙伴，对丰子恺十分照顾，就像一个大哥哥。而且丰家与王家好像有些渊源。

“我听人说，他家似乎曾经患难，而我父亲曾经帮他们忙，所以他家大人们吩咐王囡囡照应我。”

王囡囡是独子，他的母亲、祖母和大伯，都很疼爱他，给他很多的钱和玩具，而且每天放任他在外游玩。丰王两家贴邻而居，两家人朝夕相见，互相来往。小孩们自然也亲密无间。王囡囡的祖母常常拿自产的豆腐干、豆腐衣等来送给丰子恺的父亲下酒。在小伙伴中，王囡囡也同丰子恺特别要好。“他的年纪比我大，气力比我好，生活比我丰富，我们一道游玩的时候，他时时引导我，照顾我，犹似长兄对于幼弟。我们有时就在我家的染坊店里的榻上玩耍，有时相偕出游。他的祖母每次看见我俩一同玩耍，必叮嘱囡囡好好看待我，勿要相骂。”

丰子恺钓鱼的本领就是王囡囡教的。王囡囡送了一副钓竿给丰子恺用，还教他用米虫鱼饵，最后教他钓鱼的技巧。在《忆儿时》中丰子恺对这段往事有着十分生动的描写：

他到米桶里去捉许多米虫，浸在盛水的罐头里，领了我到木场桥头去钓鱼。他教给我看，先捉起一个米虫来，把钓钩由虫尾穿进，直穿到头部。然后放下水去。他又说："浮珠一动，你要立刻拉，那么钩子钩住鱼的颚，鱼就逃不脱。"我照他所教的试验，果然第一天钓了十几头白条，然而都是他帮我拉钓竿的。

除了米虫，花蝇也能成为这对小伙伴的饵料。或许真像王囡囡说的"不一定是米虫，用苍蝇钓鱼更好。鱼喜欢吃苍蝇！"总之，那一天收获颇丰，他们钓了一小桶各种各样的鱼。回家的时候，王囡囡把鱼全给了丰子恺，于是这桶鱼就成了丰子恺的晚餐。

自此以后，丰子恺就爱上了钓鱼。就算没有王囡囡相伴，自己一个人也要去钓。后来丰子恺又学会了用蚯蚓做饵钓鱼的方法，钓鱼的手法亦有所长进。钓来的鱼，不仅够自己的晚饭，还可以送给店里的人吃，或给猫吃。那时候丰子恺之所以热心钓鱼，并不仅出于游戏欲，也有几分功利的兴味在内，因为能给母亲省下不少的菜钱。

后来丰子恺长大了，赴他乡入学，不复有钓鱼的工夫。但在书中常常读到赞咏钓鱼的文句，例如"独钓寒江雪""渔樵度此身"，才知道钓鱼原来是很风雅的事。后来又晓得有所谓"游钓之地"的美名称，是形容人的故乡的。丰子恺大受其煽惑，为之大发牢骚：他想"钓鱼确是雅的，我的故乡，确是我的游钓之地，确是可怀的故乡"。

丰子恺无忧无虑的童年时代很短，在他记忆中最有趣的事情却偏偏都是杀生取乐，难怪说自己要"永远忏悔"。

·3·

从孩子的童心得到启示

丰子恺把儿童看成最神圣的，以自己的赤诚之心体味孩子身上的“童心”。他很喜爱八指头陀的一首诗：“吾爱童子身，莲花不染尘。骂之唯解笑，打亦不生嗔。对境心常定，逢人语自新。可慨年既长，物欲蔽天真。”并将其刻于随身携带的烟斗上，时时念着。

丰子恺从孩童的率真自由、质朴自然之中，看到了人生的真谛。丰子恺始终坚持以“真”作为价值观的核心，并努力将童心、童性中的真实人性化为自己的内在精神，在现实中做一个孩子般至情至性的人。

孩子的真性情最宝贵

明代文人陆云龙说：“率真则性灵现。”丰子恺深谙各中真谛。他倾心于儿童的真性情，是想让每个人的心性都能如儿童般不受束缚；想让每个人的生命力都得到最大限度的张扬；也让世界多一些真诚、快乐和爱心。丰子恺饱含真情地描写儿童的姿态、天真、兴趣、感情，为的是追溯人生的根本。做一个真实的人，是他最深切的呼唤。

在丰子恺的漫画世界里，寥寥几笔就能将一副寓意深刻的画面入木三分地表现出来。其中很多都对我们有所启发。

丰子恺有一幅画题为《母亲，他为什么肯做叫花子？》，儿童指着路上的叫花子，率真地问母亲。以儿童的好奇反衬母亲的茫然，以世心的麻木凸显童心的敏锐。另一幅画《救命》表现了儿童不忍鸡被宰杀，从拿刀的大人手里将鸡夺过的场面，以儿童的善良反衬大人的冷酷。还有一幅名为《某种教育》的漫画，颇有几分讽刺意味，某种教育是用同一个模子去教育学生，没有因材施教，发掘出孩子的潜力。这些作品对当今的社会也同样有着深刻的意义。

丰子恺家的孩子多，孩子多了自然矛盾就多，然而丰子恺不但不嫌烦恼，还颇受启发。

一日，楼下忽然传来孩子们暴动的声音。徐力民高声喊着："两只雄鸡又在斗了，爸爸快来劝解！"丰子恺来不及放下手中的报纸，连忙跑下楼来。

六岁的元草要夺九岁的华瞻手中的木片头，华瞻不给，元草哭着用手打他的胸；华瞻也哭着，双手擎起木片头，用脚踢元草的腿。丰子恺连忙扔下报纸，将两个孩子一手一个地抱住对他们说："不许打！为的啥事体？大家讲！"元草竭力想挣扎，一面带哭带嚷地说道："他不肯给我木片头！他不肯给我木片头！"似乎这就是他打人的正当理由。较大的华瞻吃着口声辩："这些木片头原是我的！他要夺，我不给，他就打我！"元草用哭声接着说："他踢我！"华瞻又说："你先打！"旁观的大姐阿宝说："轻句还重句，先打听道理！"背后又起一种舆论："君子开口，小人动手！"不等父亲下评判，元草猛地挣脱，突然向哥哥袭击。徐力民见丰子恺调解无效，赶过来将元草抱走，好言好语地将他骗住。丰子恺也把华瞻抱在怀里，用话抚慰。一场暴动方始告终。

这时候，"五香豆腐干"的叫声在后门外亲切地响了起来，两个孩子脸上的眼泪还没擦干就一起跑了出去。等丰子恺回到楼上，两个孩子已经和好如初了。丰子恺不再继续看报纸了，道："因为我看刚才的事件，觉得比看报上的国际纷争直截明了得多。"

艺术离开真实就会丧失生命力，丰子恺的作品之所以历久弥新，被誉为"最像艺术家的艺术家"，正得益于他那率真的气骨和至情至性的童真。

本真的力量

儿童们从不矫饰自己的欲望和好恶，"儿童有感情，却缺乏理智；儿童富有欲望，而不能抑制。因此儿童世界非常广大自由，在这里可以随心所欲地提出一切愿望和要求"。他们看到月亮好看，就会说"要！"至于能否实现，他们是不管的。他们因小事互相争吵，都争着讲是对方不好自己好，毫不掩饰，是真正诚实而不虚饰的。

在《给我的孩子们》中，华瞻是"身心全部公开的真人"，是"出肺肝相示的人"，一点小小的失意，比如花生米翻落地了，自己嚼了舌头了，小猫不肯吃糕了，他都要哭得嘴唇翻白，昏去一两分钟。外婆给他买回的泥人，他鞠躬尽瘁地抱它、喂它，有一天自己失手把它打破了，他号哭的悲哀，比大人们的破产、失恋、心碎、丧考妣、全军覆没的悲哀都要真切！那是他第一次尝到心碎的滋味。

身为父亲与成年人的丰子恺这样感慨："这是何等可佩服的真率、自然与热情！大人间的所谓的'沉默''含蓄''深刻'的美德，比起你来，全是不自然的、病的、伪的！"而在《从孩子得到的启示》中，华瞻对于"逃难"含义的解读，更是让丰子恺大吃一惊，他认为所谓"逃难"，"就是爸爸、妈妈、宝姐姐、软软……娘姨，大家坐汽车，去看大轮船"。原来在孩子的眼中，是没有什么战争、苦难、危险。他们只看得到世间万事万物最原初、最单纯的一面，所谓的战争、权谋等等都与他们无关，只是大人们无聊的把戏罢了。只有儿童“能撤去世间事物的因果关系的网，看见事物的本身的真相”。成人被所谓名利、钱财、权势等等所累，蒙住了眼睛，却说孩子是“童昏”，不懂得人世间的所谓“规律”，孰不知他们本身才是最大的“昏蒙”者呢！

丰子恺企慕孩子的天真无邪，艳羡他们的世界广大。认为他们代表的是人性中最“本真”的部分——这是被利益所蒙蔽的成人社会永远无法企及的，也是身为一个成年人内心深处所永远向往的。当儿童世界遇到成人世界，当真实遇到虚伪，我们都知道，什么才是美好的。

·4·

穿越浊世，童真留心间

在丰子恺的文章中，有一类是专门写动物的，与其他作家相比，丰子恺笔下的不仅生动有趣还有一个格外突出的特点——几乎所有的笔墨都集中在动物本身，而极少涉及动物与人之间的情感。于是，在读到那些人与动物共处的画面时，我们会感觉那些动物是与我们平等的伙伴，而不是供人取乐的宠物。这种情感的流露与丰子恺以“童心”为本的美学观点是紧密相连的。而在描述一些看似稀松平常的生活琐事时，他也能咀嚼出意想不到的滋味。

万物同尘皆有情

关于动物的文章丰子恺写了很多，其中多篇被选入语文教材，如《白鹅》《蝌蚪》《蜜蜂》《阿咪》等。与普通写动物可爱形态、人与动物感情的文章不同，丰子恺的作品体现出的还有一种悲悯万物、爱护群生的佛家情怀。

在《蝌蚪》一文中，大家欢喜地观赏着洋瓷面盆里欢快游着的小蝌蚪，而丰子恺心里想的却是这些小生命失去了自由多么可怜。

我见这洋磁面盆仿佛是蝌蚪的沙漠。它们不绝地游来游去，是为了找寻食物。它们的久不变成青蛙，是为了不得其生活之所。这几天晚上，附近田里蛙鼓的合奏之声，早已传达到我的床里了。这些蝌蚪倘有耳，一定也会听见它们的同类的歌声。听到了一定悲伤，每晚在这洋磁面盆里哭泣，亦未可知！

而在《蜜蜂》一文里，丰先生又为被玻璃窗困住的小蜜蜂而难过。

我看了这模样觉得非常可怜。求生活真不容易，只做一只小小的蜜蜂，为了生活也须碰到这许多钉子。我诅咒那玻璃，它一面使它清楚地看见窗外花台里含着许多蜜汁的花，以及天空中自由翱翔的同类，一面又周密地拦阻它，永远使它可望而不可即。这真是何等恶毒的东西！

丰子恺家经常养猫，战后返回杭州后，家中一度养了五只猫。这五只猫经常成群结队地偷鱼吃，甚至连蛋糕也吃，引起了大家的反感。然而丰子恺并不怪猫，认为猫之所以“贪污”肯定是没有吃饱的缘故，如果把每只猫都喂饱，它们就会各自去睡觉、洗脸、捉尾巴、打闹，而不至于偷窃。于是，他向大司务详细询问了猫的饮食情况。大司务说："每日规定三顿，每顿1000元猫鱼，拌一大碗饭。"丰子恺说："不行，物价涨了，从前1000元猫鱼很多，现在只有一点点。你这不是逼猫'贪污'吗？应给3000元猫鱼……"从此，猫果然不再偷吃。

由此可见，丰子恺对动物的爱，不是玩物之爱，而是平等的、理解的爱，以赤子之心看世界的烂漫童真。

因童真而深刻

朱光潜在《丰子恺的人品与画品》一文中说道："我对于子恺的人品说这么多的话，因为要了解他的画品，必先了解他的人品。一个人须先是一个艺术家，才能创造真正的艺术。子恺从顶至踵是一个艺术家，他的胸襟，他的言动笑貌，全都是艺术的。他的作品有一点与时下一般画家不同的，就在它有至性深情的流露。"

儿童打闹是家里常见的事情，朱自清是丰子恺的好友，家里也是多子的，孩子闹起来不听劝时，他通常的做法就是打一顿，尽管事后也会后悔，怪自己不如丰子恺有耐心，但就是无法控制。他说："子孙崇拜，儿童本位的哲理或伦理，我也有些知道；既做着父亲，闭了眼抹杀孩子们的权利，知道是不行的。可惜这只是理论，实际上我是仍旧按照古老的传统，在野蛮地对付着，和普通的父亲一样。"其实丰子恺不仅是脾气好，更重要的是他看待事物的心态不同。就拿孩子争执哭闹来说，朱自清通常是以父亲的权威和巴掌进行征服，而丰子恺不急不躁，还能从中体会出两国交涉的意味来：

在文明的世间，除了最小的和最大的两极端而外，人对人的交涉，总是用口的说话来讲理，而不用身体的武力来相打的。例如要掠夺，也必用巧妙的手段；要侵占，也必立巧妙的名义；所谓“攻击”也只是辩论，所谓 “打倒”也只是叫喊。故人对人虽怀怨害之心，相见还是点头握手，敷衍应酬。虽然也有用武力的人，但“君子开口，小人动手”，开化的世间是不通行用武力的。其中唯有最小的和最大的两极端不然：小孩对小孩的交涉，可以不讲理，而通行用武力来相打；国家对国家的交涉，也可以不讲理，而通行用武力来战争。战争就是大规模的相打。可知凡物相反对的两极端相通似，或相等。国际的事如儿戏，或等于儿戏。

率真至性是童真的表现，而丰子恺也正因如此才会有对艺术深刻的体悟。他的散文《杨柳》中有这么一段很是耐人寻味：

它不是不会向上生长。它长得很快，而且很高；但是越长越高，越垂越低。千万条陌头细柳，条条不忘记根本，常常俯首顾着下面，时时借了春风之力，向处在泥土中的根本拜舞，或者和它亲吻。好像一群活泼的孩子环绕着他们的慈母而游戏，但时时依傍到慈母的身边去，或者扑进慈母的怀里去，使人看了觉得非常可爱。

此段虽然写的是杨柳，实际上表达的是丰子恺心中 “恋根”的情结。丰子恺对故乡、母亲有着极深的情感。丰子恺的父亲早逝，遗下了母亲和六个孩子，家内外一切责任全部归母亲负担。孩子们长大了，女儿嫁人，唯一的儿子带着妻儿四处奔波讨生活，这位老母亲只能孤零零地带着一个孙女守在破旧的老屋。慢慢地，丰子恺的作品越来越有名，收入也多了起来，攒下的钱终于够盖新房了。盖新房，是丰母很长时间以来一直埋藏在心底的愿望，可当“缘缘堂”落成，她已经离开了人世，“独自静静地安眠在五里外的长松衰草之下”。

在散文《吃瓜子》一文中，丰子恺将吃瓜子的片段写得妙趣横生，至今仍令人回味不已：

女人们、小姐们的咬瓜子，态度尤加来得美妙；她们用兰花似的手指摘住瓜子的圆端，把瓜子垂直地塞在门牙中间，而用门牙去咬它的尖端。“的，的”两响，两瓣壳的尖头便向左右绽裂。然后那手敏捷地转个方向，同时头也帮着了微微地一侧，使瓜子水平地放在门牙口，用上下两门牙把两瓣壳分别拨开，咬住了瓜子肉的尖端而抽它出来吃。这吃法不但“的，的”的声音清脆可听，那手和头的转侧的姿势窈窕得很，有些儿妩媚动人。连丢去的瓜子壳也模样姣好，有如朵朵兰花。由此看来，咬瓜子是中国少爷们的专长，而尤其是中国小姐、太太们的拿手戏。

丰子恺以孩子的眼光去看待生活中的一切，以孩子一样的敏感去发现生活中的可书之处。中国人爱吃瓜子大家都知道，却鲜少有人真正关注过。在这篇貌似闲谈、实则寓意隽永的小文中，凸显出了丰子恺对“有闲阶级”的讥讽和对当时中国前途的担心，可他写得非但不尖锐，反而颇为幽默洒脱，读来使人忍俊不禁，但同时亦能引起人们深深的思考。

童心，犹如一面明亮的镜子，时常照亮成年人蒙尘的心，在不经意间给我们以启迪。这就是丰子恺，至情至性，守着赤子童心行走一生。

·5·

用童心呵护童心

丰子恺的女儿丰一吟在回忆父亲对自己教育的影响时，她认为父亲给她留下印象最深的就是对童真的珍视和守护，父亲用自己的一言一行对儿女和学生进行真、善、美的教育。

丰子恺通过儿童题材漫画，以幽默的形式展现了自己真纯自然的人生理想。对于自己的漫画作品，丰子恺说："漫画的本色如何？这非常复杂，总而言之，与人心的'趣味'相一致。"

不急于培养"乖孩子"

丰子恺在回忆旧时故人的文章中，提到了自己的堂兄乐生。乐生与丰子恺年龄相仿，常在一起玩耍。乐生极其调皮，经常会想出一些正常人想不出的馊主意，甚至有点恶毒，比如将剪掉钳子的蜈蚣丢到别人身上、把剪碎的头发粉撒进别人的衣领里……他还有更坏的把戏，街上人来人往的时候，乐生拿着一碗水往人多的地方扎让别人碰他，然后就会大叫起来："啊呀！我这两角洋钱烧酒被你碰翻了，烧酒被你碰翻了！那么我的爷要打杀我了！要你赔！要你赔！"乐生演技高超，用不着怎么煽情就能哭出眼泪来。不过丰子恺认为那并不是发自内心的恶意，"这些都是调皮孩子的恶作剧，算不得作恶为非"。幼年时的丰子恺，对这样的恶作剧颇有几分赞叹。

与乐生堂兄相比，自己儿女的那点小把戏丰子恺就更不以为意了。因为呵护童真，所以丰子恺是极力反对把孩子培养成“小大人”的，认为这就是“拔苗助长”的愚蠢。孩子首先应该就是孩子，这在他的散文《给我的孩子们》一文中表现得格外明确：

阿宝！有一晚你拿软软的新鞋子，和自己脚上脱下来的鞋子，给凳子的脚穿了，划袜立在地上，得意地“阿宝两只脚，凳子四只脚”的时候，你母亲喊着“龌龊了袜子！”立刻擒你到藤榻上，动手毁坏你的创作。当你蹲在榻上注视你母亲动手毁坏的时候，你的小心里一定感到“母亲这种人，何等杀风景而野蛮”罢！

瞻瞻！有一天开明书店送了几册新出版的毛边的《音乐入门》来。我用小刀把书页一张一张地裁开来，你侧着头，站在桌边默默地看。后来我从学校回来，你已经在我的书架上拿了一本连史纸印的中国装的《楚辞》，把它裁破了十几页，得意地对我说：“爸爸！瞻瞻也会裁了！”瞻瞻！这在你原是何等成功的欢喜，何等得意的作品！却被我一个惊骇的“哼！”字喊得你哭了。那时候你也一定抱怨“爸爸何等不明”罢！

在丰子恺看来，阿宝给凳子穿鞋，瞻瞻用小刀裁书，都是童真的流露，比被弄脏的袜子和被裁坏的书更加珍贵。丰子恺又说，“孩子们！你们果真抱怨我，我倒欢喜；当你们的抱怨变为感激的时候，我的悲哀就来了！”

欢喜的是童真；悲哀的是童真的失却！

“服从、忍耐、不闹祸，终日埋头用功，在大人或许可以做到，但这决不是儿童的常态。儿童而能循规蹈矩，终日埋头读书，真是为父母者的家门不幸了。我每见这种残废的儿童，必感到浓烈的悲哀。”

守住童真，完善人格

守住童真，这就是丰子恺的教育观，并由此让孩子去发展个性，完善人格，这就是丰子恺的教育要义。守住童真，教育才能回归本真，孩子才能学做真人，获求真学，而不仅仅功利地为了升学。

丰子恺对家中孩子是一视同仁的，不会因为性别而区别对待，他觉得孩子就是孩子，没有性别。一年春天，丰子恺拉着阿宝的手上街，微风吹来的柳絮粘在了女儿脸上，丰子恺笑着搂住阿宝的肩，用手帕为她拂拭。阿宝也笑着，仰起了头依在父亲的身旁。这在父女之间原是极寻常的事，就像小时候吃过饭父亲给洗脸一样。然而路上的人却看着他们窃笑，其意思仿佛在说：“这样大的姑娘儿，还在路上让父亲搂住了拭脸孔！”丰子恺突然意识到，女儿长大了，是时候“送阿宝出黄金时代”了。

阿宝从一个自私的捣蛋鬼，成长为一个能帮父母分忧的大姑娘。父母“仿佛丧失了一个从小依傍在身边的孩子，而另得了一个新交的知友”。

阿宝小时候只吃蛋黄不吃蛋白，妈妈在她碗里夹了一块蛋白，她立刻将蛋白和米粒一起泼到桌子上。她看不起只有一两岁的软软，把不好吃的东西都留给软软，讲故事的时候把不好的角色派给软软当。当要求得不到满足时，她会向母亲强调自己是重要的阿宝，不是无足轻重的软软。然而在丰子恺看来，这个任性的，欺负弱小的阿宝，才是最美好的阿宝。

记得有一天，我从上海回来。你们兄弟姊妹照例拥在我身旁，等候我从提箱中取出“好东西”来分。我欣然地取出一束巧格力来，分给你们每人一包。你的弟妹们到手了这五色金银的巧格力，照例欢喜得大闹一场，雀跃地拿去尝新了。你受持了这赠品也表示欢喜，跟着弟妹们去了。然而过了几天，我偶然在楼窗中望下来，看见花台旁边，你拿着一包新开的巧格力，正在分给弟妹三人。他们各自争多嫌少，你忙着为他们均分。在一块缺角的巧格力上添了一张五色金银的包纸派给小妹妹了，方才三面公平。他们欢喜地吃糖了，你也欢喜地看他们吃。

孩子长大懂事了，相信很多父母都是开心的，可丰子恺心中却是又高兴又难过，他说：“这个一味‘要黄’而专门欺侮弱小的捣乱分子，在那里牺牲自己的幸福来增殖弟妹们的幸福，使我看了觉得可笑，又觉得可悲。你往日的一切雄心和梦想已经宣告失败，开始在遏制自己的要求，忍耐自己的欲望，而谋他人的幸福了；你已将走出唯我独尊的黄金时代，开始在尝人类之爱的辛味了。”

无论为人为艺，大师都不失一颗童真之心，也正因如此，他的儿女们才得以在快乐中成长、成材。

·6·

留住一片清纯的儿童世界

儿童是天真幼稚的，他们的思维逻辑与成人不同。正常的生活琐事，在他们眼中却另有一番情趣。丰子恺的随笔中有许多让人忍俊不禁的描写，孩子把雪当“冰淇淋”吃；儿子华瞻看见丰子恺在剃头，以为麻脸的陌生人在割爸爸的脸而哭泣，这个情景被丰子恺绘成了漫画《妈妈快来打！他拿刀杀爸爸了！》，这种种天真至今仍在书页中闪着光辉。

纯真的世界历久弥新

丰子恺以儿子的视角写过一篇有趣的文章——《华瞻的日记》，以瞻瞻的口吻表达了自己喜欢和邻居的孩子郑德菱一起玩的心情。

我实在无心吃饭。我晓得她一定也无心吃饭。不然，何以分别的时候她不对我笑，而且脸上很不高兴呢？我同她在一块，真是说不出的有趣。吃饭何必急急？即使要吃，尽可在空的时候吃。其实照我想来，像我们这样的同志，天天在一块吃饭，在一块睡觉，多好呢？何必分作两家？即使要分作两家，反正爸爸同郑德菱的爸爸很要好，妈妈也同郑德菱的妈妈常常谈笑，尽可你们大人作一块，我们小孩子作一块，不更好么？

这种奇妙的想法恐怕也只有丰子恺这样理解儿童的人方能写得出来。尽管过去了好几十年，丰子恺的作品依然深受大小读者的喜爱，这就是纯真的魅力。

在漫画《种瓜得瓜，吃瓜得灯》中，在屋檐下挂着一个圆形的灯笼，闪闪发亮，孩子觉得圆形的灯笼和吃完的西瓜形状一样，心想吃完西瓜就有灯笼了，于是便有了“种瓜得瓜，吃瓜得灯”。孩子这种简单的逻辑推理是他们天真的表现。

丰子恺最喜欢儿童的哭，在他看来有特别的趣味，在作品中也经常表现。譬如跌痛了，只要尽情一哭，就能把痛忘得干干净净；如漫画《BROKENHEART》，泥人跌破了，只要放声一哭，就可把失去泥人的痛完全忘却；又如漫画《花生米不满足》，没吃够花生米也只要大哭一下，便好像已经吃饱，又能重整情绪去做别的了。

莫以成人的眼光看童真

根据老家的风俗，亲戚家的孩子第一次上门来做客，临走时人家必做几盘包子送他。名曰“打送”。大人忙着准备米粉包子的时候，丰子恺能体验到无上的欢乐。首先在做包子之前，得先给他吃一碗甜甜的豆沙，如果再噪闹一番，大人会另做一只小包子来给他吃。要是再闹几回，大人就会给他些米粉，让他“自己做来自己吃”。这才是丰子恺的主要目的。

开了这个例之后，各人做圆子收口时摘下来的米粉，就都得照例归他所有。再不够时还得要求向大盘中扭一把米粉来，自由捏造各种粘土手工：捏一个人，团拢了，改捏一个狗；再团拢了，再改捏一只水烟管……这一天因为他噪得特别厉害些，姑母做了两只小巧玲珑的包子给他吃，母亲又额外拿了一团米粉给他玩。丰子恺拿了米粉到店堂里，和五哥哥一同玩。五哥哥是染坊店里的学徒，更是丰子恺儿时的最亲密的伙伴。丰子恺说：“他的年纪比我长，智力比我高，胆量比我大，他常做出种种我所意想不到的玩意儿来，使得我惊奇。”

五哥哥拿出几个印泥菩萨小形的红泥印子来，教丰子恺印米粉菩萨。后来玩着玩着两人起了争执，五哥哥拿了他的米粉菩萨逃，丰子恺就拿起自己的米粉菩萨追。追到排门旁边，丰子恺跌了一跤，额骨磕在排门槛上，便昏迷不醒了。等到有知觉的时候，他已被抱在母亲手里，大夫正在为他包扎。从那以后，五哥哥每天都会乘店里空闲的时候到楼上看丰子恺，来时必然偷偷地从衣袖里摸出些丰子恺喜欢的小玩意——例如关在自来火匣子里的几只叩头虫，洋皮纸人头，老菱壳做成的小脚，顺治铜钿磨成的小刀等。直到丰子恺额头的伤口结疤。

以成人的眼光来看，无论是米粉还是叩头虫之类的小东西，都是没什么价值的，然而孩子却将这些视作珍宝。永葆童心的丰子恺将额上的疤痕视作儿时欢乐的佐证，自己的“黄金时代”的遗迹。过去的一切都消失了，无迹可寻，只有这个疤，好像是“脊杖二十，刺配军州”时打在脸上的金印，永远记录着过往。丰子恺慨叹说：“仿佛我是在儿童世界的本贯地方犯了罪，被刺配到这成人社会的‘远恶军州’来的。这无期的流刑虽然使我永无还乡之望，但凭这脸上的金印，还可回溯往昔，追寻故乡的美丽的梦啊。”

投入地做一切事

日常生活中，孩子常常以“我”为中心。他们觉得只有“我”好，对于自己的欲望和要求，总是直率地表露，从不像成人般伪饰和压抑自己，明明想要却违心地推辞。他们对想做的事会完全投入地去做，吃东西也一样。就连吃最普通的西瓜他们也全情投入。

有一个炎夏的下午，丰子恺回到家中了。第二天的傍晚，丰子恺领了四个孩子——九岁的阿宝、七岁的软软、五岁的瞻瞻、三岁的阿韦——到小院中的槐荫下，坐在地上吃西瓜。夕暮的紫色中，炎阳的红味渐渐消减，凉夜的青味渐渐加浓起来。微风吹动孩子们的细丝一般的头发，身上的汗气已经全消，百感畅快的时候，孩子们似乎已经充溢着生的欢喜，非发泄不可了。最初是三岁孩子的音乐表现，他满足之余，笑嘻嘻摇摆着身子，口中一面嚼西瓜，一面发出一种像花猫偷食时候的“miaumiau”的声音来。这音乐的表现立刻唤起了五岁的瞻瞻的共鸣，他接着发表他的诗：“瞻瞻吃西瓜，宝姐姐吃西瓜，软软吃西瓜，阿韦吃西瓜。”这诗的表现又立刻引起了七岁与九岁孩子的散文和数学的兴味：他们立刻把瞻瞻的诗句的意义归纳起来，报告其结果：“四个人吃四块西瓜。”

这种全情投入的愉悦，也只有纯真的孩童才能完美诠释。同样，对于不满意的事情，孩子们也绝不忍让。丰子恺的两个孩子，元草夺华瞻的木头片，华瞻不给，元草哭着用手打他的头，华瞻也哭了，双手举起木头片，用脚踢元草的腿。成年人哪懂得木头片对孩子的宝贵呢？就像孩子也不懂爸爸为什么整天爬格子一样。

丰子恺曾描述说：“我的心为四事所占据了：天上的神明与星辰，人间的艺术与儿童，这小燕子似的一群儿女，是在人世间与我因缘最深的儿童，他们在我心中占有与神明、星辰、艺术同等的地位。”现在我们终于能理解了。

·7·

写孩子的大事，画大师的童心

儿童的世界也有大事，即使在成年人看来微不足道，但在儿童看来却是非常重要的，比如希望天不下雨好跟小朋友一起玩，怀疑爸爸剃了头是要去当和尚。一般的成年人根本注意不到孩子如此的情绪，而丰子恺不但发现，还能用艺术的手法表现出来，全因为他那未泯的童心。

愿成长来得更晚一些

在《给我的孩子们》一文中，开头的一段话就很令人唏嘘。

“我的孩子们！我憧憬于你们的生活，每天不止一次！我想委曲地说出来，使你们自己晓得。可惜到你们懂得我的话的意思的时候，你们将不复是可以使我憧憬的人了。这是何等可悲哀的事啊！”是啊，一旦孩子能够这篇文章，他们便不再是孩子了，也就走出自己的“黄金时代”了。

孩子们每天做火车、做汽车、办酒、请菩萨、堆六面画、唱歌，全是自动的，创造创作的生活。所谓的“归自然”“生活的艺术化”“劳动的艺术化”等理论，在孩子们的创作面前简直可笑。孩子的创作能力可比大人强多了，画家、作家都应羞愧才是。

“但是，你们的黄金时代有限，现实终究是要暴露的。这是我经历过的情形，也是大人们都经历过的情形。我眼看见儿时的伴侣中的英雄、好汉，一个个退缩、顺从、妥协、屈服起来，到像绵羊的地步。我自己也是如此。‘后之视今，亦犹今之视昔’，你们不久也要走这条路呢！

“我的孩子们！憧憬于你们的生活的我，痴心要为你们永远挽留这黄金时代在这册子里。

“然而这只不过像‘蜘蛛网落花’，略微保留一点春的痕迹而已。且到你们懂得我这片心情的时候，你们早已不是这样的人，我的画在世间已无可印证了！这是何等可悲哀的事啊！”

童心常留

丰子恺即便经历了很多人生坎坷，到了老年依然童心不灭，在他描写孙女的文章——《南颖访问记》中仍童趣不减。

南颖是丰子恺长子华瞻的女儿。有一天晚上，华瞻从江湾的家里来电话，说保姆突然走了，他和妻子两人都忙于教课，早出晚归，刚满一岁的女儿无人照顾，当夜要送到丰子恺这里暂住。丰子恺夫妇当然是十分欢迎。

孩子刚来的时候还不会说话，也不怎么动，就像个大洋娃娃。大约过了两个月，丰子恺在楼上工作时，渐渐能听见南颖的哭声和学语声了。她最初会说的一句话是“阿姨”。这是对保姆英娥有所要求时发出的。但是后来发音又有了别的变化，如：“阿呀”“阿咦”“阿也”。这就变成了欲求不满时的抗议声。当她指着扶梯要上楼，或者指着门要到街上去，而大人不肯抱她上来或出去，她就大喊“阿呀！阿呀！”仿佛在说“阿呀！这一点要求也不答应我！”

南颖第二句会说的话是“公公”。然而也许是“咯咯”，就是鸡。

因为阿姨常常抱她到外面去看邻家的鸡，她已经学会“咯咯”了。后来教她叫“公公”，她不会发鼻音，也叫“咯咯”；大人们主观地认为她是叫“公公”，丰子恺心中自然也是高兴的，他一边体验着古人“含饴弄孙”之趣，一边怀疑南颖心里会诧异“一只鸡和一个出胡须的老人，都叫做‘咯咯’，人的语言真奇怪！”

婴儿咿呀学语，不过是极普通的事，南颖也不过是个普通的小孩，但到了丰子恺笔下好像一切都变得格外神奇。

看见祖母会叫“阿婆”；看见鸭会叫“Ｇａ－Ｇａ”；看见挤乳的马会叫“马马”；要求上楼时会叫“尤尤”（楼楼）；要求外出时会叫“外外”；看见邻家的女孩子会叫“几几”（姊姊）。从此我逐渐亲近她，常常把她放在膝上，用废纸画她所见过的各种东西给她看，或者在画册上教她认识各种东西。她对平面形象相当敏感：如果一幅大画里藏着一只鸡或一只鸭，她会找出来，叫“咯咯”“Ｇａ－Ｇａ”。她要求很多，意见很多；然而发声器官尚未发达，无法表达她的思想，只能用“嗯，嗯，嗯，嗯”或哭来代替言语。

有一次她指着案上的文具连叫“嗯，嗯，嗯，嗯”。丰子恺知道她是要那支花铅笔，就对她说：“要笔，是不是？”她不嗯了，表示是。丰子恺就把花铅笔拿给她，同时教她：“说‘笔’！”她的嘴唇动动，笑笑，仿佛在说：“我原想说‘笔’，可是我的嘴巴不听话呀！

在这期间，南颖会自己走路了。起初扶着凳子或墙壁，后来完全独步了；同时要求越多，意见越多了。她欣赏丰子恺的手杖，称它为“都都”。因为她看见丰子恺常常拿着手杖上车子去开会，而车子叫“都都”，因此手杖也就叫“都都”了。

丰子恺那个时候年纪已经很大了，走路都要靠拐杖，但因为小孙女要求多，竟也返老还童，他能一手抱孩子一手扶拐杖了，以至于被路人笑问“老伯伯，你抱得动么？”丰子恺虽然辛苦，但心里高兴得早就忘记了累。

在60多年前，我也曾有过这种观感。然而60多年的世智尘劳早已把它磨灭殆尽，现在只剩得依稀仿佛的痕迹了。由于接近南颖，我获得了重温远昔旧梦的机会，瞥见了我的人生本来面目。有时我屏绝思虑，注视着她那天真烂漫的脸，心情就会迅速地退回到60多年前的儿时，尝到人生的本来滋味。这是最深切的一种幸福，现在只有南颖能够给我。三个多月以来我一直照管她，她也最亲近我。虽然为她相当劳瘁，但是她给我的幸福足可以抵偿。

待儿子找到新保姆，小孙女也要离开爷爷，回到她的小家去了。丰子恺固然是十分想念孙女的，却并非想她回来自己这，而是在琢磨孩子会作何感想。

“一向熟悉的公公、阿婆、阿姨哪里去了？一向熟悉的那间屋子哪里去了？一向熟悉的门巷和街道哪里去了？这些人物和环境是否永远没有了？”她的小头脑里一定发生这些疑问。然而无人能替她解答。

丰子恺总能想到很多普通成人想不到的“大事”，这不正是他童心常留最好的表现吗？

·8·

儿童的本质即艺术，真切而自然

丰子恺的漫画风格简易朴实意境隽永含蓄，被看成是沟通文学与绘画的一座桥梁。对于艺术，他认为首先就是艺术家的同情心，于是在此便不得不再次赞美儿童了。

儿童大都是最富同情心的，而且同情心不局限于人类，还会自然而然地涉及猫犬、花草、鸟蝶、鱼虫、玩具等一切事物，对猫犬说话，和花接吻，和娃娃玩耍，他们做这些都是认真的。这样的心情比艺术家更真切自然得多！他们往往能注意大人们所不能注意的事，发现大人们所不能发现的点。所以儿童的本质即艺术。

有同情心才有艺术

下面是丰子恺的《美与同情》，很能给我们些启发。

有一个儿童，他走进我的房间里，便给我整理东西。他看见我的挂表的面合复在桌子上，给我翻转来。看见我的茶杯放在茶壶的环子后面，给我移到口子前面来。看见我床底下的鞋子一顺一倒，给我掉转来。看见我壁上的立幅的绳子拖出在前面，搬了凳子，给我藏到后面去。我谢他："哥儿，你这样勤勉地给我收拾！"

他回答我说："不是，因为我看了那种样子，心情很不安适。"是的，他曾说："挂表的面合复在桌子上，看它何等气闷！""茶杯躲在它母亲的背后，教它怎样吃奶奶？""鞋子一顺一倒，教它们怎样谈话？""立幅的辫子拖在前面，象一个鸦片鬼。"我实在钦佩这哥儿的同情心的丰富。从此我也着实留意于东西的位置，体谅东西的安适了。它们的位置安适，我们看了心情也安适。

这个孩子所说所作的不正是所谓的美的心境吗？既是文学的描写中所常用的手法，也是绘画的构图上所面临的问题。普通人的同情只能及于同类的人，最多及于动物；但艺术家的同情要能普及于有情、非有情的一切东西。

丰子恺在给学生上课时说，世间万物有各种方面，各人所见的角度也不同。同样的一棵树，在博物家、园丁、木匠、画家的眼中所见都不同。博物家见其性状，园丁见其生息，木匠见其材料，画家见其姿态。但画家所见的，与前三者又根本不同。前三者都有目的，都想起树的因果关系，画家只是欣赏目前树本身的姿态，而别无目的。所以画家所见的方面，是形式的方面，不是实用的方面。换言之，是美的世界，不是真、善的世界。

美的世界中的价值标准，与真善的世界中全然不同，我们仅就事物的形状、色彩、姿态来进行欣赏，更关注欣赏对象实用方面的价值了。

所以我们就能理解为何一枝枯木、一块怪石，这些在实用上全无价值的东西却能入画了。因为艺术家所见的世界与常人不同，可说是一视同仁的世界，平等的世界。艺术家的心，对于世间一切事物都给以热诚的同情。

鲜活的《爱的教育》

丰子恺的老师夏丏尊将《爱的教育》一书引入中国，书中插画则是丰子恺所绘，这本书一经出版便大受欢迎，不光中小学生看，大人也爱看。在抗日战争期间，丰子恺曾遇见过一幕感人的画面，不禁赞叹：“我以前曾给《爱的教育》画插图。今天所见的，真像是《爱的教育》中的插图之一。”

初到长沙的时候，丰子恺常在街头闲逛以熟悉环境。一个下雨的午后，丰子恺看见轮船埠附近聚着一群人，似乎发生了什么事件。挤进去一看，但见许多人围着一个孩子，在那里谈论。这孩子是个难民，从上海附近的昆山逃出来，今年才九岁。原本是跟着父母的，途中父母都被敌人炸死，只剩他一个。幸有同乡人收领，带他到湘潭。但这同乡人自己的生活也很困难，最近还生病了。这孩子只好独自来长沙，做乞丐度日。他衣衫褴褛，一件夹袄已经破碎不堪，脚上的鞋子两头都是破的，脚趾都看见了。春寒料峭，他站在微雨中浑身发抖。

周围都是湖南人，别人问他什么，他多半听不懂，无法回答。丰子恺两种方言都懂，就站出来当翻译。大家了解情况后，都摸出铜板或角票来送他。丰子恺也送了他两毛钱。群众渐渐散去，丰子恺替他合计一下，总共收到了二元三角和数十铜板。九岁的孩子，言语不通，叫他怎样处置这些钱呢？正为这孩子担忧之际，最后散去的四位少年就来替他想办法了。

他们都是十几岁的人，本来混在群众里观看，曾经出过钱，现在又出来替他处置这钱。有一位少年说：“他自己不会买物，我们替他代买吧。”另一位说：“先替他买一件棉袄。”又一位少年说，“再替他买一双鞋子。”又一位少年说：“一双球鞋就行。晴天雨天都可穿。”于是大家替他规划这些钱，并商量买的地方。更进一步的，还有为他谋划住的地方。有的说送他进难民收容所，有的说送他到某人家里。随后，四位少年就带他一同走了。

这一幕活生生的“爱的教育”令丰子恺感慨万分，“同是受暴敌的侵凌，相逢何必曾相识？所以我国民族观念之深和团结力之强，于现今为最烈！这是很可庆慰的事，也是应该更加勉励的事”。看到这些少年的所为，他更坚信，众志成城，中国人结成的城，是任何炮火也攻不破的。

通过艺术重回黄金时代

西洋艺术论者论艺术的心理，有“感情移入”之说。所谓“感情移入”，就是说我们对于美的自然或艺术品，能把自己的感情移入于其中，没入于其中，与之共鸣共感，这时候就经验到美的滋味。我们又可知这种自我没入的行为，在儿童的生活中为最多。他们往往把兴趣深深地没入游戏中，而忘却自身的饥寒与疲劳。

艺术家与自己描绘的对象必须相共鸣共感，共悲共喜，共泣共笑，否则决成不了真正的艺术家，最多只能算个匠人。子规啼血、秋虫促织、桃花笑东风，蝴蝶送春归，这种在诗词中常出现的语句是现实中真实存在的吗？当然不是。但如果我们能同诗人一样身入美的世界中，将同情心施于万物，就能切实地感到这些情景了。画家与诗人相同，不过画家更注重的是形式姿态方面而已。

其实每个人原本都是艺术的，都是富有同情的，只是长大后被时间纷纷扰扰消磨了，而艺术家的可贵之处就在于，即使在外部受到各种打击，内心仍保留着可贵的同情。因此，丰子恺说：“我们的黄金时代虽然已经过去，但我们可以因了艺术的修养而重新面见这幸福、仁爱而和平的世界。”

至于艺术的效果，夏丏尊在《爱的教育》一书中的译者序言就是很好的例子。“我在四年前始得此书的日译本，记得曾流了泪三日夜读毕，就是后来在翻译或随便阅读时，还深深地感到刺激，不觉眼睛润湿。这不是悲哀的眼泪，乃是惭愧和感激的眼泪。除了人的资格以外，我在家庭中早已是二子二女的父亲，在教育界是执过十余年的教鞭的教师。平日为人为父为师的态度，读了这书好像丑女见了美人，自己难堪起来，不觉惭愧了流泪。”

·9·

博雅文化人的童真理想国

丰子恺涉猎广泛，在美术、音乐、文学等方面都颇有建树，在教育、宗教等多个领域也是很有见解的。当时的丰子恺和很多同时期的人一样面临着一系列现代问题的挑战。

在传统文化秩序中，文化精英的创造只流传在少数人之间。向上而贡，向下而赐，同道友之，文化以有限而具有识别保证的方式传播。在传统中国遭遇现代文明的强力冲击后，中国文人终于意识到，虽然中国文化本身是优秀且具有生命力的，但旧的社会秩序无法以文化激发出人民的智慧与力量。随着科举制度的废除，旧文人的位格秩序迅速衰落，通过出版和展览，文化走进了更多普通人的生活。怎样令文化走入社会，甚至改善社会，成了时代命题。

丰子恺儿童画的特别之处

丰子恺漫画题材繁多，其中有关儿童的格外引人注目。我国自古就有“婴戏图”的绘画传统，而且这类题材在民间格外的受欢迎。除了唐宋大画家着墨于此，明清市民社会大发展时，亦通过年画印刷使可爱的孩童身影走入万千世俗百姓家。

西方绘画中也有许多儿童的身影，但鲜少表现寻常人家自由嬉戏的儿童。在西方，入画的儿童一为圣子耶稣，二为小天使，三为贵族少年。除小天使会展露出烂漫活泼的姿态，圣子与小贵族们则以庄重神圣的气质为贵，凸显出超越年龄的老成庄重，似乎这种反差越不自然反而越有神圣的氛围。

丰子恺绘画中的儿童形象既没有西方神童的成熟老练，也没有今天漫画形象的刻意夸张。丰子恺看重的是常情之美，而反对过度的抒情，对儿童的眼神则一笔带过甚至不画五官。丰子恺选择儿童来入画，不仅仅是对多子多福观念下大众兴趣的迎合，更因为自己对孩子发自内心的喜欢。

儿童是纯真、善良的象征，是最美的。如果要用漫画改良社会，唤醒人们心底对真善美的追求，以儿童入画是再适合不过的了。

以儿童之美影响社会

在丰子恺的眼里，成人世界远远不如儿童世界美好。在《儿童世界与成人世界》画面中的两个家庭正在门口争吵。而在二楼的阳台上，两家的孩子非但没有搅进大人们的战争，反而正在友好地送花。如果他们不是孩子，而是已经成年的家庭成员，十有八九也会加入这场争吵。如果来自两个敌对家庭的人关系和睦甚至相爱，就会变成“罗密欧与茱丽叶”了。

而且成人也特别容易与人树敌，产生摩擦后必定心中有结，每一次的矛盾必定在心中不断积累坏情绪，成为下一次矛盾的导火索。而在孩子的世界中，争吵、打闹虽然经常发生，但是孩子的思想简单，争吵过后很快就会忘记，然后继续在一起玩耍。成人世界真是远远不如儿童世界啊！

《东京某晚的事》，丰子恺记录了自己留学期间的一件小事，也是颇值得玩味的。

有一个夏夜，丰子恺同几个中国留学生相约到神保町去散步。大家一面闲谈，一面踱步，踱到十字路口的时候，忽然横路里转出一个伛偻的老太婆来，她两手搬着一块大东西，弯着腰转出大路来。她与他们同走一条大路，因为走得慢，跟在他们的后面。东西太沉，老太婆问能否帮忙，而留学生说着“不高兴，不高兴”就笑着走开了。

丰子恺后来每每回想起这件事，总觉得非常有兴味。他说：“我从来不曾受过素不相识的路人的这样唐突的要求。那老太婆的语气，似乎应该在家庭里，或学校里可以听到，决不是在路上可以听到的。这是关系深而亲切的小团体之下的人们说话的语气，不适用于‘社会’或‘世界’的大团体之下的所谓‘陌路人’之间。”

或许是老太婆不懂事，然而假如真有这样的一个世界，天下如一家，人们互爱互助，共乐其生活，那时候陌路都变成家人，像某晚这老太婆的态度，并不唐突了。那该是多么美好的世界！

不失童心，方能心生慈悲；以慈悲为怀，方可缔造一个“共乐其生活”的理想社会。这就是“一个有菩萨心肠的现实主义者”——丰子恺的人生践行！

·10·

我是儿童的崇拜者

丰子恺从不讳言自己是一个“儿童崇拜者”，他勾勒孩子时只需寥寥几笔，却充满了童趣。在他看来，虚伪骄矜的成年人大都失去了本性，只有天真烂漫的儿童才是真正的“人”。这样我们就明白，为何丰子恺画了那么多儿童漫画。他自己的孩子——阿宝、瞻瞻、软软也一次又一次地成为漫画的主人公，他们拿着大蒲扇当自行车，忙着给凳子腿穿鞋子，在弄堂口拉着妈妈的衣角等待爸爸的回家……这样的生活场景，对我们每个人来说都是再熟悉不过的了。但似乎只有经过丰子恺的艺术再现，大家才认识到，原来世界这么有趣!

丰子恺自称是“儿童崇拜者”“老儿童”，一生不忘初心，用文章与漫画一遍一遍地向我们展示着赤子眼中的世界，给我们传达出了一种赤子般真诚的精神，相信每一个有机会了解他作品的人，都会被这种精神所打动。

佛家情感与童年崇拜

“成人的世界，因为受实际生活和世间的习惯的限制，所以非常狭小苦闷。孩子们的世界不受这种限制，因此非常广大自由。”孩子们每天自由自在地去做火车汽车、办酒、请菩萨、唱歌、堆六面画，创造着生活，而大人们一边呼号着“归自然”“生活的艺术化”，一边却陷入枯坐默想、敷衍应酬的病残生活里不能自拔。

丰子恺神游于儿童世界，自称是“儿童的崇拜者”，但他所讴歌的童心，并非自然人性，而是带有佛家意蕴的一念之本心。在很多回忆往事的文章中，丰子恺都提到了儿时的伙伴和作为，五哥哥和乐生是丰子恺儿时的好伙伴，这两人有一个共同点，就是顽皮。在形容他们的游戏时，丰子恺分别用了“虐”与“恶毒”，尽管他认为教育者应该多原谅孩子的顽皮，但从“虐”与“恶毒”的形容来看，其实丰子恺并不完全认同这样的自然性格。

佛家思想对丰子恺童年观的影响是多方面的，概而言之，主要体现在以下三个方面。

首先，佛家的思维方式使丰子恺能设身处地地体味童心童境，以儿童的心态去感知、观察儿童的生活。禅宗讲究“我心即佛”“佛心即我心”，自然界的万事万物都由内在本心衍化生成，外在的物象与人生都是内在本心的幻化，这种思维方式与儿童以自我为中心的思维相似。

其次，佛家宣扬的“心性本净”思想，使丰子恺在尘世中找到了童心这一对应物。根据六祖慧能的佛性论，人的本性本来是纯真、洁净、无烦恼、无迷妄、无污染的，这种纯真的本性便是佛性。这就是佛家所说的“一切众生，悉有佛性”。而这种本性又集中体现在儿童身上。

再次，佛家说“心性本净，客尘所染”，认为人的本性是纯洁、清净的，但人自出生后，不断接触外在世界，从而受到污染，尘劳妄念便渐渐如乌云般地覆盖遮蔽了自性。六祖慧能对此做了形象的阐释：“世人性净，犹如青天，慧如日，智如月，智慧常明。于外着境，妄念浮云盖覆，自性不能明。”儿童是美好的，童心是纯净的，但孩子总要长大，不得不去经历尘世的磨炼，而被成人社会所同化，再洁净纯真的童心也要受到世俗的浸染与蒙蔽。因此，我们就不难理解，为何丰子恺在盛赞与企慕孩子的童真时，总带着对孩子失去童真的哀愁与无奈。

被世智尘劳蒙蔽的“黄金时代”

丰子恺对“黄金时代”的赞美和倾慕洋溢着浓郁的佛学意蕴。他设身处地地想儿童所想，感儿童所感，热爱率真、坦诚，将喜怒哀乐形之于色的儿童，在他们的身上，体现的是一念之本心，是自性。丰子恺将儿童世界作为自己的艺术表现内容，纤尘未染的童心成了他理想追求的寄托，呈现出独特的童年崇拜意识。

跟孩子相比，成人的心眼早已被世智尘劳所蒙蔽，所斫伤，成了可怜的残废者。因此孩子的成长成了一种无法回避的悲哀，正如在前文提到过的，《给我的孩子们》中一开头丰子恺就明确写道：“我的孩子们！我憧憬于你们的生活，每天不止一次！我要委曲地说出来，使你们晓得。可惜到你们懂得我的话的意思的时候，你们将不复是可以使我憧憬的人了。这是何等可悲哀的事啊！”但孩子的长大是必然，随着他们年龄的增长，对外界的见闻知觉日益深广，懂的道理越多，受到的社会制度与道德习俗的制约也就大，于是为了符合世俗社会的要求，他们会尽量地掩饰真正的自己，纯洁、坦率、真诚的童心逐渐被虚伪所遮蔽，将自己的赤心、明心统统包裹起来，世界也就不再像童年时那样广阔自由。

这不能不使丰子恺感到悲哀，可又不得不亲手将孩子们一个个地送出“黄金时代”，去接受成人世界的压抑，沦为知识、名誉、生活以及自身欲望的奴隶。同时，也让我们不禁自问，我们的纯真世界去了哪里呢？

·11·

为人为艺唯童真

丰子恺不满成人社会的虚伪、倾轧、贪婪，而仰慕率真、热情、好奇、纯洁的儿童世界，在他自己营造的宁静祥和的世界里，过着闲云野鹤般的生活，享受着恬淡、闲适、超脱和自由的乐趣。丰子恺的童真是伴随着儿女们的成长而滋生的。

因童真而慈悲

“人之初，性本善”，向来以慈悲为怀的丰子恺，也是缘于他的童真。挪威学者何莫邪曾这样评价丰子恺为“一个有菩萨心肠的现实主义者”。菩萨心肠的丰子恺，他的慈悲并不仅限于“有情”世界，仁心所及，乃至于“无情”之物。他在散文《大账簿》曾这样描述过：

偶然折取一根树枝，当手杖用了一会，后来抛弃在田间的时候，总要对它回顾好几次，心中自问自答：“我不知几时得再见它？它此后的结果不知究竟如何？我永远不得再见它了！它的后事永远不可知了！”

吃饭的时候，一颗饭粒从碗中翻落在我的衣襟上。我顾视这颗饭粒，不想则已，一想又惹起一大篇的疑惑与悲哀来：不知哪一天哪一个农夫在哪一处田里种下一批稻，就中有一株稻穗上结着煮成这颗饭粒的谷。这粒谷又不知经过了谁的刈、谁的磨、谁的舂、谁的粜，而到了我们的家里，现在煮成饭粒，而落在我的衣襟上。

于万事万物之中，能够泽被草木，惠及谷粒，丰子恺之心可谓慈悲矣！在《大账簿》一文中提出了一个宏大的疑问：

我仿佛看见一册极大的大帐簿，簿中详细记载着宇宙间世界上一切物类事变的过去、现在、未来三世的因因果果。自原子之细以至天体之巨，自微生虫的行动以至混沌的大劫，无不详细记载其来由、经过与结果，没有万一的遗漏。于是我从来的疑惑与悲哀，都可解除了。

“生命来自何方，生命归结何处，生命的本原是什么。”丰子恺用自己的童真去面对茫茫宇宙的世间万物，以一副菩萨心肠来思索其真谛。而食素、护生都是这菩萨心肠的表露，所以，他在《护生画集》中提出了“护心”说。他认为：“护生就是护心，爱护生灵，劝诫残杀，可以涵养人心的仁爱，可以诱致世界的和平，故我们所爱护的，其实不是禽兽鱼虫的本身，而是自己的心。换言之，救护禽兽鱼虫是手段，倡导仁爱和平是目的。再换言之，护生是‘事’，护心是‘理’。”因为，“大家不失去童心，则家庭、社会、国家、世界，一定温暖、和平而幸福”。

因童真而独特

有一次，丰子恺的女儿丰一吟带着外甥、外甥女几个孩子出去春游。回家后，孩子们兴奋得叽叽喳喳讲个不停，惹得丰子恺从楼上的书房下来看热闹，听孩子们七嘴八舌的描述。此时，丰一吟开始教唱李叔同先生的

《送别》，不料唱到一半被丰子恺制止了，他对女儿说：“小孩子哪懂什么知交半零落啊，我给他们另外写一个！”一时兴起的丰子恺沉思片刻后，张口就哼唱起新版《送别》来：“星期天，天气晴，大家去游春，过了一村又一村，到处好风景。桃花红、杨柳青，菜花似黄金，唱歌声里拍手声，一阵又一阵。”一位文艺大师、一位老人可以天真如此，也算得上独特了。

丰子恺共有七个子女，他爱自己的儿女，曾写过一首《仿陶渊明〈责子〉诗》，诗曰：“阿宝年十一，懒惰故无匹。阿先已二五，终日低头立。软软年九岁，犹坐满娘膝。华瞻垂七龄，但觅巧克力。元草已四岁，尿屎还撒出。不如小一宁，乡下去作客。”在戏谑中，寥寥几笔便把儿女们的特点用漫画式的手法表现出来，通过这样的文字，我们仿佛能看到丰子恺创作时眼中泛起慈祥、爱怜的神情。

丰子恺的这种独特缘于童真。他无心功名，与陶渊明的《归园田居》一样，他最大的乐趣便是同孩子们一起过着平静而又单调的生活。不论是离乱岁月还是动荡时期，丰子恺始终念念于心的便是全家人在一起。

陶渊明和丰子恺，一个是要躲过官场现实，一个是要避开成人社会，而且他们都有自己心目中的“桃花源”。他在《桐庐负暄》一文中曾这样写道：

我们的老家，是浙江汤溪，地在金华相近，离石门湾约三四百里，明末清初，我们这一支从汤溪迁居石门湾，三百余年以后，几乎忘记了自己的源流。直到二十年前，我在东京遇见汤溪丰惠恩族兄，相与考查族谱，方才确知我们的老家是汤溪。据说汤溪有丰姓数百家，自成一村，皆业农。

惠恩是其特例。我初闻此消息，即想象这汤溪丰村是桃花源一样的去处，其中定有良田美池，桑竹之属，和黄发垂髫怡然自乐的情景，而窃怪惠恩逃出仙源，又轻轻为外人道，将引诱渔人去问津了。我一向没有机会去问津，到了石门湾不可复留的时候，心中便起了出尘之念，想率妻子邑人投奔此绝境，不复出焉，但终于不敢遂行，因为我只认得惠恩，并未到过老家。

陶渊明的“桃花源”是乌托邦式的，但丰子恺的“桃花源”则是对祖籍地的向往与眷恋。丰子恺憧憬和向往那种“天下如一家，人们如家族，互相关爱，互相帮助，共乐其生活”的大同社会。

春天的燕子呢喃，夏天的樱桃红了、芭蕉绿了，秋夜秋虫的合奏，冬天暖暖的太阳，这四季怡人的景色再加上孩子的嬉戏与笑闹，共同构成了缘缘堂的生活。这是丰子恺最幸福的时光。丰子恺是个特别的人，经历世事却依然童心未泯，即使在最艰难的时候仍保留着童真。丰子恺说，儿童要变为成人，好比由青虫变为蝴蝶。青虫的生活与蝴蝶的生活大不相同，成人们总想在青虫的身上装上翅膀教它同蝴蝶一起飞翔，而他要做一只敛住翅膀同青虫一起爬行的蝴蝶。

NO.3

人散后，一勾新月天如水

——丰子恺谈趣味人生

趣味，是丰子恺毕生追求的终极目标，他在日常生活中非常注重追求人生的“兴味”，总是能在生活琐事中发现“趣味”。受李叔同的影响，丰子恺一生都将“先器识而后文艺”的文艺观铭记于心，以“艺术的心”从事文艺创作，始终以开拓的胸襟、明净的心来看待尘俗的世间。

·1·

山水之间，是清静的热闹

中国古代的文人雅士历来有寄情山水、抒发灵性的善美情怀。但对丰子恺来说，却不仅仅是这样。“山水间的生活，因为需要不便而菜根更香，豆腐更肥。因为寂寥而邻人更亲。”此外，山水之间的安静还给了他更多的灵感与智慧。

具有哲学之美的大自然

丰子恺住在白马湖畔的小杨柳屋期间，曾将这里的生活与在上海的生活作比较，他说：“我觉得上海虽热闹，实在寂寞，山中虽冷静，实在热闹，不觉得寂寞。就是上海是骚扰的寂寞，山中是清静的热闹。”

丰子恺热爱自然，这在他的风景画中表露无遗。一个风景画家，不论刻意与否，他笔下的作品总会反映出自己对大自然的美学观。丰子恺信仰佛教，又十分欣赏陶渊明的为人和田园诗，自然就会体现在画作上。其对自然风光的表达，可概括为自然、朴实、平凡。

除了喜欢居住在山水间，寄情于自然山水的旅游之乐也是丰子恺所喜爱的。他曾说：“平生既不爱种花养鸟，又不喜看戏听书，别人说我爱旅游，我就承认了吧。”外出旅游在他看来是很好的放松和休息，就连清明节扫墓对他都是一次赏心悦目的踏青出游。

对于旅游，丰子恺有很多讲究，他不是为了简单追寻目的地而行走，而是用一种悠闲的心态去体验生活的别样风情。尽管从他的家乡石门湾到杭州坐火车时间短而价钱便宜，坐船不光花费时间长而费用多，但他仍喜欢坐船。

船内设有桌榻等舒适的摆设，板壁上有书画镜框等赏心悦目的装饰，尤其是下雨时雨打船篷、水滴河面的诗趣景象总能引起丰子恺的兴致，让他不禁联想到古人的诗句：“闲梦江南梅熟日，夜船吹笛雨潇潇”“春水碧于天，画船听雨眠”。船从石门湾到杭州需两天时间，丰子恺不是为了赶路，只是享受着坐船的悠闲乐趣。

这样的旅行方式能让他在船中浅酌，或凭船观看两岸的景色，或画一些风景人物的速写，或上岸闲逛游玩，他认为这种方式是“富有诗趣的旅行，靠近火车站地方的人不易做到，只有我们石门湾的人可以自由享受”。

用眼观看，用心感受

抗日战争爆发前丰子恺住在杭州，每逢节假日，总带子女去西湖附近游玩。有一次，他陪两个女儿去山中游玩，天突然降雨，两个女儿觉得很扫兴，丰子恺却觉得山雨寂寥而深沉的趣味比晴天游山趣味更好，此时他最能体会“山色空蒙雨亦奇”的意境。

在抗日战争爆发后的逃难期间，丰子恺仍不忘游览风景名胜。丰子恺逃难到桂林时，终趁“百忙之中，必有一闲”的机会游览了桂林，满足了其旅游的乐趣。1948年，丰子恺借着去台湾办画展的机会，尽兴游览了阿里山和日月潭。新中国成立后，丰子恺在创作、参加社会活动之余，仍不忘外出旅游。

丰子恺在上海日月楼的闲居期间游览了祖国许多的名胜古迹，万里长城、庐山胜景、姑苏园林、烟花扬州、古都南京、奇秀黄山等都留下了他的足迹。

丰子恺旅游的目的有两个，一是为了“改换环境，调节趣味”；二是为了“营养精神。”丰子恺是一个懂得享受生活闲趣的人，却也是一个“闲”不住的人。他喜欢变换环境，去接触不同的人和事物，以满足自己的趣味和新奇感。

生活的趣味对于他而言，就像面包一样少不得，因此，在旅游中寻求生活的乐趣也成了丰子恺生命中重要的组成部分。在旅游过程中除了心情愉悦和开阔眼界外，更重要的是，每一次游览经历对于身心都会有不同的审美休闲体验，获得精神的满足。这就是丰子恺喜欢旅游的原因了。

·2·

诗意西湖，灵魂栖息的地方

丰子恺在41岁的时候写下“杭州可说是我的第二故乡”。他16岁来杭州读书，之后的日子，在皇亲巷、田家园、马市街、西湖边都住过。某晚，丰子恺与友人在湖畔小屋夜饮，“我送客出门，舍不得这湖上春月，也向湖畔散步去了。柳荫下一条石凳，空着等我去坐。我就坐了……”在漫长的岁月里，杭州的点点滴滴，时时萦绕在他的心中。

艺术之路的起点

从少年求学杭州开始，丰子恺与杭州共度的每一段时光，都围绕着幸福感。在西湖“行宫”，春去秋来的风光转换滋润着他的笔墨；在“湖畔小屋”，他享受着盛名，与知己宾朋分享美酒与智慧。

在杭州念书的日子，为丰子恺的一生奠定了基础。

“李叔同早已端坐在讲台上。以为先生还没有到而嘴里随便唱着、喊着，或笑着、骂着而推进门去的同学，吃惊更是不小。他们的唱声、喊声、笑声、骂声以门槛为界而忽然消灭。接着是低着头、红着脸、去端坐在自己的位子里偷偷地仰起头来看看。”“李叔同高高的瘦削的上半身穿着整洁的黑布马褂，露出在讲桌上，宽广得可以走马的前额，细长的凤眼，隆正的鼻梁，形成威严的表情。这副相貌，用‘温而厉’三个字来描写，大概差不多了。”

早在13岁那年，丰子恺就在故乡的小学里唱过李叔同写的《祖国歌》，和所有的同学一样，在这样的老师面前，他有些害怕，练琴自然不敢松懈。“每弹错了一处，李叔同回头向我一看。我对于这一看比什么都害怕……我当时实在怕见李叔同的一顾，总是预先练得很熟，然后到他面前去弹琴。”

当李叔同第一次在教室里打开天窗，放上三角画架，教学生们对着石膏像用木炭画西洋画时，习惯了临摹的孩子们竟然无从着手，没一个画得像样。这样新颖的绘画方式拨动了丰子恺的心弦。学校离西湖不远，丰子恺常借故请假到西湖边写生，很快便成了学校里绘画的佼佼者，还被推为学校“桐荫画会”的负责人。

一天晚上，他到李叔同的房里去汇报学习情况，正要离去时，李叔同用很轻但极严肃的声音对他说：“你的画进步很快!我在南京和杭州两处教课，没有见过像你这样进步快速的人。”丰子恺“听到他这两句话，犹如暮春的柳絮受了一阵强烈的东风，要大变方向而突进了。……这几句话，便确定了我的一生……我打定主意专门学画，把一生奉献给艺术……”

西湖，成了丰子恺艺术生涯的起点。

湖畔夜饮

西湖美景自古便吸引了众多文人雅士的目光，丰子恺和他的众多友人也不例外。

某天晚上，丰子恺的四位朋友来西湖游春，在他的湖畔小屋里饮酒。酒阑人散，皓月当空。湖水如镜，花影满堤。丰子恺出门送客，因舍不得这湖上的春月，就去湖畔散步。他坐在湖边的石凳上，不禁想起小时候在学校里唱的《春月歌》：“春夜有明月，都作欢喜相。每当灯火中，团团清辉上。人月交相庆，花月并生光。有酒不得饮，举杯献高堂。”丰子恺回到家，得知在自己送客出门时，有一上海客人来访，住在葛岭饭店，这个人正是郑振铎。第二天晚上八点，丰子恺照例喝完一斤酒，郑振铎来了。阔别十年，经历过战争的浩劫，两位好友自然得喝上几杯。

我肚里的一斤酒，在这位青年时代同我在上海豪饮的老朋友面前，立刻消解得干干净净，清清醒醒。我说：“我们再吃酒！”他说：“好，不要什么菜蔬。”窗外有些微雨，月色朦胧。西湖不像昨夜的开颜发艳，却有另一种轻颦浅笑，温润静穆的姿态。昨夜宜于到湖边步月，今夜宜于在灯前和老友共饮。

当年郑振铎慧眼识珠，将丰子恺的画发表，20多年过去了，他要看看丰子恺的子女阿宝、软软和瞻瞻——《子恺漫画》里的三个主角。“瞻瞻现在叫作丰华瞻，正在北平北大研究院，我叫不到；阿宝和软软现在叫丰陈宝和丰宁馨，已经大学毕业而在中学教课了，此刻正在厢房里和她们的弟妹们练习平剧！我就喊她们来‘参见’。”当年只有桌子高的小姑娘现在已经成长为大姑娘了，郑振铎按照世俗的礼仪叫阿宝“大小姐”，叫软软“三小姐”。丰子恺觉得这样叫太客气、太见外了，便说：“《花生米不满足》《瞻瞻新官人，软软新娘子，宝姐姐做媒人》《阿宝两只脚，凳子四只脚》等画，都是你从我的墙壁上揭去，制了锌板在《文学周报》上发表的，你这老前辈对她们小孩子又有什么客气？依旧叫‘阿宝’‘软软’好了。”这次湖畔相聚，丰子恺十分开心，说品尝到了人生的滋味。

趁着酒兴，丰子恺不禁陷入了回忆，怀念起与同志们创办“立达学园”的旧时光。有一次郑振铎去找丰子恺吃饭，可却让丰子恺结了账，第二天他加倍来还，丰子恺不肯收。两人推让之间，刘薰宇抢过钞票，说：“不要客气，拿到新江湾小店里去吃酒吧！”大家赞成。于是号召了七八个人，夏丏尊先生、匡互生、方光焘都在内，吃完这张十元钞票时，大家都已烂醉了。如今匡互生、夏丏尊已经不在人世，刘薰宇远在贵阳，方光焘没有消息不知身在何方。唏嘘之余，二人又浮两大白。

“居临葛岭招贤寺，门对孤山放鹤亭。”丰子恺在西湖的这处旧居，开门就能见到对岸的孤山和山下的放鹤亭，常有朋友来拜访，尽管这湖畔小屋有些简陋，却承载着丰子恺最美好的回忆。

· 3 ·

茶韵：丰子恺画中的悠然茶趣

茶须静品，方能体会其妙处。丰子恺经常一个人平心静气、恬淡闲适地品茶，在品茶中自能找到一番乐趣。他在创作时很投入，有很多次竟然把茶杯当作烟灰缸，把烟灰掸在里面，但他照样还拿起杯子把水喝光。丰子恺不仅品茶，更爱茶，他的画作中也时常让人嗅出茶香。

漫画中的茶味

丰子恺的漫画与我们现在的漫画差别较大，形式介于国画与漫画之间，画风简洁朴素，隐含着出世的超然之意和入世的眷眷之心，画面平凡但有着打动人心的魅力，或是令人落泪的辛酸，表现出一种“诗意”与传统的“文人情怀”。他自己也说：“漫画二字，望文生义，漫，随意也。风随意写出的画，都不妨称为漫画，因为我做漫画感觉同写随笔一样。不过或用线条，或用文字，表现工具不同而已。”

丰子恺先生认为：“意义含蓄是漫画的一个特点，一目了然的漫画是没有味道的。但含蓄决不是故意让人看不懂，而是似暗实明，使人在思索之后有所领悟。”他的作品也确如所言，既含蓄又明白，似茶香那般耐人寻味。

自古茶香与墨香就联系紧密，如唐代《调琴啜茗图卷》《烹茶仕女图》《烹茶图》；宋代的《煎茶图》《卢仝煮茶图》《陆羽煎茶图》；元代的《斗茶图》《煮茶图》《东坡海南烹茶图》；明代的《事茗图》《惠山茶会图》《玉川烹茶图》，到了清代，以茶入画的作品就更多了。但这些画，基本上都是古人喝茶情景的直白描述。

丰子恺的书画中也在不意间流露出茶的闲适与趣味，但表现方式与古人不同。

不知道是偶然的巧合，还是有意的选择。丰子恺发表的第一幅漫画《人散后，一钩新月天如水》即与茶挂上了钩。这幅画中，画了茶楼、茶具而不画人物，正是丰子恺的高明之处。他将这里白天的情形全都交给读者去想象，只留下这个平静得不能再平静的夜晚，似乎是整个时空都静止了，但给欣赏者留下的空间却更大了。看着这幅安静的画面，我们仿佛正看到那一弯新月一点点上升再一点点落下，洒向人间的清辉在黑暗中勾勒着茶楼的轮廓。月色渐暗，旭日东升，新的一天开始了，茶桌边重新坐满了客人。

漫画中的茶趣

1942年，丰子恺还画过一幅很特别的漫画，题为《茶店一角》。在茶店一角中，七个茶客围桌而坐，其中一人谈兴正浓，其余的人目不转睛地听他讲。在他们的背后，粗大的柱子上贴着醒目的“莫谈国事”的标语。这些人在讲什么，我们不得而知。但我们从茶客泰然自若、其乐融融的神态上可以感受到，他们并没有将此放在眼里。该作品的场景恰与老舍在《茶馆》话剧中表现的场景相吻合。“莫谈国事”，似乎是那个时代茶店、茶馆中一道常见的风景，也是各位老板们不得不做的“官样文章”。

丰子恺有不少作品是描写日常生活中的趣事的，在这些作品中，生活的真善美被他表现得淋漓尽致。茶壶、茶杯等是丰子恺漫画中经常出现的“道具”，有时却也能成为“主角”。《茶壶的Kiss》是丰子恺1931年画的一幅作品，表现了办公室里两把茶壶的主人无意之中将它们放成了接吻的样子，使人忍俊不禁。自然，这其中也有许多发人遐想的留白，比如说，这两把壶的主人的身份、性别，他们之间的感情好不好，以及他们周围的环境、家庭际遇。

面对着丰子恺的漫画，用语言去评价总觉得无力，我们不妨带着品茶的心境去欣赏，或许会有更多的收获。

·4·
偷得浮生半日闲

对丰子恺看来，闲是一种放松、愉悦的生活状态，舒适的闲居状态是丰子恺一生的追求。丰子恺的童年无忧无虑、惬意幸福，这悠闲快乐的乡居生活给丰子恺带来了一生的影响。

丰子恺的闲居具有十分丰富的精神文化内涵，他意在从闲居中追求一种自然、自适、愉悦的精神状态。丰子恺著名散文《闲居》里的一句话最能表达他对闲居的挚爱：“闲居，在生活上人都说是不幸的，但在精神上我觉得是最快适了。假如国民政府新定一条法律‘闲居必须整天禁锢在自己的房间里’，我也不愿出去干事，宁可闲居而被禁锢。”

闲趣

丰子恺在闲居时是自由、快活的，他会悉心布置自己的房间，把各种家具按照自己喜欢的姿势和位置摆放，有时会对一件没有太大价值的装饰性家具摆弄半天，但他不把这视为浪费时间，而是当作一种乐趣。“把几件粗陋的家具搬来搬去，一月中总要搬数回。搬到痰盂不能移动一寸，脸盆架子不能旋转一度的时候，便有很妥帖的位置出现了。”因为家具“这样妥帖之后，人在里面，精神自然安定，集中，而快适”。丰子恺认为闲居好似音乐的美妙，他把一天的闲居生活比作音乐的主题或音调，在他看来闲居最能体现一个人的生活的情调与趣味。无论是在空间还是在时间上，他都以一种艺术家闲适的眼光看待每一天的生活，从而获得精神上的愉悦。

丰子恺在给居所取名时也特别能体现闲趣。

从作为学校宿舍的“小杨柳屋”，到自己心爱的“缘缘堂”，到逃难时的“沙坪小屋”“星汉楼”“湖畔居”，再到最后晚年定居上海的“日月楼”，每一处居所都有他赋予的诗意情趣。

丰子恺在春晖中学教书所居住的小屋前种有小杨柳树，于是他就称自己的居室为“小杨柳屋”。正是在这间小屋，丰子恺的漫画和文学创作开始起步。在“小杨柳屋”的闲居生活是丰子恺一生最美好的记忆之一。“小杨柳屋”可称简陋，丰子恺形容客厅之小如“骰子似的”，“天花板要压倒头上来”，但他不以为苦反而生活得很惬意。白天无课的时候，丰子恺会到白马湖畔写生或与友相约泛舟于湖面。晚上若有雅兴，就约上师友夏丏尊、刘淑琴、朱自清、朱光潜等喝酒畅谈消遣，岂一个“闲”字了得!

故乡的“缘缘堂”是丰子恺热衷于闲居生活的集中展现。“缘缘堂”是丰子恺一手设计的中国式的构造，选用的家具以美观实用为准则，他为自己设计了这样惬意的居所而感到自豪，认为这里实现了其“隐逸闲居”的意愿。

自1933年春建成至1937年11月在战火之中逃离家乡，丰子恺一家在“缘缘堂”度过了五个春秋，这是他最美好、最快乐的闲居时光。在这平静安逸的桃花源里，他自由自在地饮酒、读书，尽情地享受着创作的幸福和与妻儿共处的天伦之乐。

丰子恺在杭州还租了一个寓所，被朋友戏称为“行宫”，一是为了陪在杭州读书的孩子，二是为了满足自己游玩的兴致。春秋季节，杭州景色怡人，他便玩个痛快，而冬夏就闲居在“缘缘堂”。他把古人的诗句“暂止飞鸟才数子，频来语燕定新巢”挂于“缘缘堂”上。“草草杯盘供笑语，昏昏灯火话平生”正是丰子恺的闲趣所在。

战火纷飞中也要偷闲

1937年战火蔓延到了丰子恺的家乡，丰子恺不得不携一家老小四处逃难，过着颠沛流离的生活。他从浙江流亡到四川，先后辗转多地。在生活条件十分艰苦又精神高度紧张的逃难期间，他仍然能够保持着积极乐观的心态。

在桂林泮塘岭居住时，丰子恺的幼女丰一吟深刻感受到了父亲的赋闲之态：“爸爸每晚照例一边喝酒，一边吟诵古诗词。这时新枚总是抱在他怀里。我曾听见他把晏殊的《浣溪沙·春恨》第一句‘一曲新词酒一杯’篡改了一下，念为‘一只新枚酒一杯’，当时他已浑忘一切，陶醉在酒和婴孩之中。”

1941—1942年，他们一家住在遵义罗庄的星汉楼。在这里丰子恺度过了逃难期间的休整期，教书之余他就整理自己的书画文集，在酒后吟诵赋诗、休养生息。1943—1946年，丰子恺住在重庆的“沙坪小屋”，这是战争期间他居住时间最长的地方。

“我对外间绝少往来，每日只是读书作画，饮酒闲谈而已。我的时间全部是我自己的，这是我的性格的要求，这在我是认为幸福的。”沙坪小屋虽简陋，但丰子恺的心境惬意而幸福，创作之余，他在院子里种菜，养鸽子，养鹅。生活闲暇，他在对动物的观察中亦体味到人生的一种兴味。这不仅反映了丰子恺随遇而安、从容不迫的生活态度，也是其“从心所欲不逾矩”的真实写照。

丰子恺晚年定居在上海的“日月楼”，他在这里度过了人生最后的闲居岁月。“日月楼”是一幢西班牙式的小洋房，因为其白天阳光充足，晚上暗月当空，丰子恺遂取名为“日月楼”。虽然年纪大了，但仍保持着春秋出去游玩的习惯，去的最多的仍属他的第二故乡杭州。1949年以后，丰子恺虽然担任了不少职务，但除了参加一些会议，实际工作并不多，更多的还是在家中读书和创作，悠闲地过着艺术的生活。

“文革”期间，丰子恺受到迫害，心心念的依然是“缘缘堂”的闲居生活，他用文字表达了对过去曾有的闲适人生仍然抱有欢欣和向往的态度。丰子恺对悠然闲居的渴望不仅是对过去闲居的留恋，也是对自由生活的向往。

·5·

对生活有咀嚼玩味的能力

丰子恺一生著作丰富，既有随笔散文和诗话等文学作品，也有或引人思考或不禁微笑的漫画，这些散发着幽幽墨香的作品都是丰子恺玩味生活的重要表现。

丰子恺生性恬静淡泊，他用诗书写着自己的人生闲趣，可以说他的人生就是在“诗意的栖居”。他常以一种闲适的心态进行文学创作，所以他的作品大多带着一股诗意。

丰子恺的随笔是在闲暇时情感自然流露的产品，用轻松自然亲切的笔触道出自己的真情实感。读丰子恺的随笔不仅会带给读者闲适、随意的感受，而且在简单平实的语言中还能体味其丰富的情感，这正是他对生活咀嚼玩味的表达。

玩味生活是性灵趣味的体现

漫画作为丰子恺艺术作品的代表，来源于生活又高于生活。丰子恺将绘画与书法、文学融合在一起，用简单的线条勾勒了最真实而又充满意味的人生诸象，欣赏者在不经意间被他带入到一个真实而又充满艺术情趣的世界里，触动了心灵最柔软的地方。

丰子恺漫画的闲情闲趣亦是丰子恺情感趣味的体现。丰子恺自幼就有很好的艺术天赋，他对画画兴趣浓厚，经常从染坊店里拿颜料涂画，他的画受到同学和邻居的赞美，并被同学称为“小画家”，他还喜欢做泥菩萨塑像。这些艺术的游戏，让他发挥了自己艺术的想象力和创造力。在春晖中学任教期间，他保持着自己随性的态度，生活中充满了闲情逸致。学校会议上他无心听会，却饶有兴致地观察与会人员的各种表情和姿态，然后自娱自乐地画成一幅幅有趣的小画。他的同事和好友发现他的这些绘画也觉得颇有趣味，就鼓励其继续作画，丰子恺从而走上了漫画创作之路。

丰子恺“简笔深意”的趣味画风，也体现了他对生活观察、提炼的能力。英国形式主义美学家克莱夫·贝尔特别强调“简化”的重要性，他认为“没有简化艺术不可能存在，因为艺术家创造的是有意味的形式，而只有简化才能把有意味的东西从大量无意味的东西中提取出来”。丰子恺在东京留学时，一次偶然的机会使他看到了竹久梦二的画。竹久梦二的画虽是寥寥数笔的毛笔速写，在丰子恺眼中却富有诗趣，充满了人生意味。丰子恺深深喜爱上并倾心于这种“简笔深意”的画风创作，归国后，他笔随心动，终于成就了“子恺漫画”的趣味画风。

生活与艺术不可分割

俞平伯说丰子恺的画“既有中国画风的萧疏淡远，又有西洋画法的活泼酣姿。丰子恺曾说自己的漫画创作可分为四个时期：第一时期是描写古诗词，第二时期是描写儿童相，第三时期是描写社会相，第四时期是描写自然相。而这其中，丰子恺尤其偏爱儿童漫画，他的儿童漫画在他的作品中也是流传最广最受欢迎的。丰子恺以一颗童心描写出栩栩如生的童趣，如漫画《阿宝两只脚，凳子四只脚》惟妙惟肖地表现出阿宝给凳子穿鞋的欢快童趣；《瞻瞻底车，脚踏车》用简单的笔墨生动地再现了游戏的童年乐趣等。这些都与他对子女真挚的爱是分不开的，源自他在生活中对儿女们的观察。

音乐也是丰子恺生活中不可或缺的一部分。丰子恺闲居时经常用留声机听音乐作为消遣，他对口琴颇有研究，会演奏多种乐器，并写了大量关于音乐方面的文章，还出版有《音乐的常识》等理论著作。为了把音乐知识写得生动有趣，丰子恺经常以“大家的有兴味的逸话”作为音乐知识的开场白来引起大家的兴趣，因而深受广大音乐爱好者的欢迎。

丰子恺除了在文学、绘画、音乐方面取得较大成就外，在其他诸如书法、金石、装帧、建筑等艺术方面也颇有成就和心得。正所谓“书画同源”，丰子恺在漫画方面取得的巨大成就离不开他精湛的书法，他一生为书法而书法，也为漫画而书法。每当他在漫画创作中遭遇瓶颈，必定先练一段时间书法再画。这样一来，不仅画有了进展，书法也有了提高。

丰子恺是一个难得的艺术全才，他的人生是与艺术分不开的，他用“人生的艺术”书写了自己“艺术的人生”。日本作家吉川幸次郎评论丰子恺：“是现代中国最像艺术家的艺术家，这并不是因为他多才艺，会弹钢琴，写随笔的缘故，我所喜欢的，乃是他的像艺术家的真率，对于万物丰富的爱，如他的气质、气骨，如果在现代要想找寻陶渊明、王维那样的人物，那么，就是他了吧。他在庞杂诈伪的海派文人之中，有鹤立鸡群之感。”

·6·

生活因琐碎而美好

丰子恺在《渐》中说“佛家能纳须弥于芥子”，虽然是在谈论哲学命题，但在不经意间却道出了自己对生活与艺术的感悟，即从琐屑平凡的日常生活中发掘艺术题材，通过琐碎的生活表达耐人寻味的人生意味。

生活琐事中的至美

丰子恺一生都始终对平常的生活琐事保持着浓厚的兴趣，这主要源于他对艺术的一种特殊的领悟。在他看来，生活与艺术如水乳交融，生活本身就是一件艺术品，所以他用一种艺术的方式来对待自己的生活，任何琐碎、平常的事情他都能从中找到人生的趣味。

他平静地观察着日常生活中的各种琐事，聆听街坊邻里传来的世俗之音，琢磨市井人物的种种行状，如小孩打架、邻人闲话、小贩叫卖、农人赶集，还有自然界的种种天真活泼之处，这些生活中随处可见的情景，都原汁原味地呈现在丰子恺的笔下，成为他散文的一大特色。虽然是常见之事，可一到他的笔端就变得别有一番风韵。

孩子想要玩具，父母嫌贵与商贩讨价还价，这样的场景在今天也是司空见惯的，是生活中小到不能再小的琐事。丰子恺也描述过一段孩子想要小鸡，他嫌贵没买的情景。

有一天，门前来了一个卖鸡崽的小商贩，孩子们立刻扔下手里的事情跑出去看毛茸茸的小鸡，齐声向爸爸呐喊“买小鸡”。丰子恺和小商贩讨价不成，小商贩转身要走，孩子们顿时哭成一片。丰子恺把价钱提高了一些，小商贩还是不依。没买成小鸡，孩子们都痛哭起来。因为还会有来卖小鸡的，丰子恺就抚慰孩子们，“我们等一会再来买吧，但你们下次……”丰子恺没有说完，把话打住了，因为下面的话是“看见好的嘴上不可说好，想要的嘴上不可说要”。这些成人世界的伎俩，丰子恺没有告诉天真烂漫的孩子们。

简单是福

在丰子恺的文章中有许多是描写故乡石门湾的风土人情的，对故乡的饮食特色和时令节气习俗，以及对家乡的风土人情、奇人逸事的率真描写，流露出令人倍感亲切自然，给读者留下鲜明的印象。

丰子恺在文章中曾回忆过家乡一个名为“阿庆”的“柴主人”，所谓“柴主人”就是帮农民卖柴的中间人。阿庆姓什么没人不知道，大家都只叫他阿庆。

阿庆是一个独身汉，住在大井头的一间小屋里，上午忙着称柴，所得佣钱，足够一人衣食，下午空下来，就拉胡琴。他不喝酒、不吸烟，唯一的嗜好就是拉胡琴。他拉胡琴手法纯熟，各种京戏他都会拉。当时留声机还不普遍流行，就有一种人背着一架有喇叭的留声机来卖唱，听一出戏，收几个钱。商店里的人下午空闲，出几个钱买些精神享乐，都不吝惜。这是不能独享的，许多人旁听。阿庆便是旁听者之一。但他的旁听，不仅是享乐，竟是学习。

阿庆是个普通的人，但是很有音乐天赋，一出戏听过几遍就会拉。

有人向阿庆学琴，结果拉出来生硬得很便怪自己的琴不好，结果换了阿庆的胡琴照样拉得不好。丰子恺说：“阿庆的胡琴并非特制，他的心手是特制的。”

在《忆儿时》一文，丰子恺描写了父亲吃蟹的情景。在吃蟹的季节，父亲总喜欢在黄昏晚酌“八仙桌上一盏洋油灯，一把紫砂酒壶，一只盛热豆腐干的碎磁盖碗，一把水烟筒，一本书，桌子角上一只端坐的老猫”，吃蟹时不吃别的菜，因为父亲认为蟹是至味，吃蟹时混吃别的菜肴，是乏味的，父亲吃完的蟹壳可以拼成一只很好看的蝴蝶……随着丰子恺的娓娓叙来，父亲中年时生活状态跃然纸上，我们仿佛也尝到了蘸了姜醋的蟹肉。

丰子恺还描写过西湖边的一个酒徒，喜欢用饭粒钓虾，一次钓得了三四只大虾后就把虾装入瓶中，用酒保烫酒的开水一浸，就着一小碟酱油，即可下酒，一只虾可以让他细细品味很久。丰子恺认为此人可算尝到虾的至味，他适可而止的生活态度亦使丰子恺感到极大的兴味。

丰子恺此类的文章还有很多，无不洋溢着简单幸福的味道，文章中那平和、安闲、舒适的生活趣味，实在令人神往。

·7·

没有趣味，“生活”成了“生存”

趣味对丰子恺来说，是他艺术地对待人生，达到人生艺术境界的一个至关重要的方面。丰子恺曾在自己的散文中引用古语：“不为无益之事，何以遣有涯之生？”他认为人活着不能全为功利打算，功利到了极端，做人全无感情，全无意气，全无趣味，而人就变成枯燥、死板、冷酷、无情的一种动物。这就不是“生活”，而仅仅是一种“生存”了。

生活需要幽默感

关于“幽默”的定义，林语堂这样解释：“幽默是一种人生的观点，一种应付人生的方法。幽默没有旁的，只是智慧之刀的一晃。”幽默不是为了引人发笑而去刻意制造的，幽默更像是生活的一种调味品，不刻意、不做作，顺手拈来，水到渠成。

丰子恺正是个这样幽默的人，不管是随笔、漫画还是生活中，时不时便流露出淡淡的诙谐之趣。

1948年，丰子恺应开明书店老板章锡琛之邀，携女和章锡琛一家同游台湾。在赴台的船上，章锡琛手表被偷，他说这手表是花75元港币买的。丰子恺说，这相当于一张船票的价钱，就当你家多来一人吧。章锡琛却以生意人的精明答道，多一人还得多买张回去的船票呢！丰子恺又说，那你再丢一支自来水笔就差不多了！惹得船上人哄堂大笑。

到达台湾之后，作家谢冰莹劝丰子恺在台湾定居，丰子恺说：“台湾好极了，真是个美丽的宝岛，四季如春，人情味浓。只是缺少了一个条件，是我不能定居的主要原因。”谢冰莹问：“什么条件？”丰子恺独句回答：“没有绍兴老酒！”又引来四周人的一阵大笑。

懂得生活的人都是艺术家

所谓“无益之事”，即不为利害打算的事，是由情感、意气、趣味的要求而做事。丰子恺认为正是因为生活中有了这些又或者那些的“无益之事”，才使生活变得有趣鲜活起来，才能排遣“有涯之生”。而他的好友朱光潜也说过：“人生本来就是一种较广义的艺术。每个人的生命史就是他自己的作品。这种作品可以是艺术的，也可以不是艺术的，正犹如同是一种顽石，这个人能把它雕成一座伟大的雕像，而另一个人却不能使它成器，分别全在性分与修养。”

林语堂在《生活的艺术》一书中也表达了类似的观点，他指出中国哲学特点之一即在于一种以艺术眼光对待人生的天赋才能，再三强调西方人应向中国人学习“及时行乐的决心和赏玩山水的雅趣”。

丰子恺对人生趣味的追求主要体现在他对闲居生活的喜爱，他在不少散文中都谈到了这一点。在丰子恺的一生中，除了为养家糊口而不得不教课任职外，他几乎都过着一种“赋闲”的生活。只要生活条件允许，他就毅然决然地摈弃所有世务，赋闲在家。“闲”是丰子恺最向往的状态，哪怕只是摆弄家具都给他带来极大的趣味。

那时候我自己坐在主眼的座上，环视上下四周，君临一切。觉得一切都朝宗于我，一切都为我尽其职司，如百官之朝天，众星之拱北辰。就是墙上一只很小的钉，望去也似乎居相当的位置，对全体为有机的一员，对我尽专任的职司。我统御这个天下，想像南面王的气概，得到几天的快适。

丰子恺追求生活的趣味，他嗜酒、嗜烟，喜爱大自然，喜爱故乡的风土人情，乐于和朋友聊天说地，不管是在什么样的社会环境里，他都能凭着艺术化的无功利的人生哲学，发现自己生命的乐趣，以艺术心烛照人生，保持自己内心的和谐与宁静，实现他所追求的人生艺术境界。

·8·

正当的游玩，是辛苦的安慰

游是丰子恺闲趣生活中重要的一个组成部分，不仅是指“游以适意”的休闲体验方式，更是为实现生命意义和人生境界追求的处世态度。游于自然界，徜徉于田园山水中获得“游以适宜”的自然情怀，这当然是值得提倡的，但丰子恺认为玩乐也应该是适度的，玩乐不等于一味地贪图安逸。

休闲不等于贪闲好逸

丰子恺说：“游玩这件事体，说它近于旅行，又不愿像旅行那么肯吃苦；说不得它类似休养，又不愿像休养那么贪懒惰。”

从中学时代起，西湖就是丰子恺常去的地方，而去西湖通常都要坐船的。丰子恺在杭州求学期间，西湖船的座位是一条藤穿的长方形木框。“背后有同样藤穿的长方形木框，当作靠背。这些木框涂着赭黄的油漆，与船身为同色或同类色，分明地表出它是这船的装置的一部分。木框上的藤，穿成冰梅花纹样。每一小孔都通风，一望而知为软软的坐垫与靠背，因此坐下去心地是很好的。靠背对坐垫的角度，比九十度稍大——大约一百度。既不像旧式厅堂上的太师椅子那么竖得笔直，使人坐了腰痛；也不像醉翁椅子那么放得平坦，使人坐了起不身来。靠背的木框，像括弧般微微向内弯曲，恰好切合坐者的背部的曲线。因此坐下去身体是很舒服的。”

当年西湖里的船全是这种形式的。早春晚秋时节，船价很便宜，学生的经济能力也负担得起。“每逢星期日，出三四毛钱雇一只船，载着二三同学，数册书，一壶茶，几包花生米与几个馒头，便可悠游湖中，尽一日之长。”那时让丰子恺心情愉悦的除了船还有摇船人。那时候的摇船人，生活很充裕，样子很写意，一面划桨，一面还有心情对这些闲谈，自己的家庭、西湖的掌故，以及种种笑话。那情景极富诗意。那种船的坐位好，坐船的人姿势也好；摇船人写意，坐船人更加写意，随时随地可以吟诗入画。“‘野航恰受两三人’。‘恰受’两字的状态，在这种船上最充分地表出着。”

西湖游船20年间形式变了四次，越变越坏，从木框换成长藤椅，后来长藤椅换成躺藤椅，最后长藤椅又换成了沙发。丰子恺坐了一次沙发座椅的游船，心情很是不好，便写了一篇文章：

西湖船的原始的（姑且以我所见为主，假定20年前的为原始的）形式，我认为是最合格的游船形式。倘然坐位再简陋，换了木板条，游人坐下去就嫌吃力；倘然坐位再舒服，索性换了醉翁椅，游人躺下去又嫌萎靡，不适于观赏山水了。只有那种藤穿的木框，使游人坐下去软软的，靠上去又软软的，而身体姿势又像坐在普通凳子上一般，可以自由转侧，可以左顾右盼。何况他们的形状，质料与颜色，又与船的全部十分调和，先给游人以恰好的心情呢！

在丰子恺看来，西湖游船的座位应当既方便观赏风景、与同行的友人聊天，还应当与船身相配浑然天成。然而西湖游船的座位貌似越换越舒适，但座位与船身和摇船人的精神面貌却反差愈发的大。

因为这些船身还是旧式的，还是20年前装藤穿木框的船身，只有坐位的部分换了新式的弹簧坐垫，不过让人看上去有一种“时代错误”之感。若以弹簧坐垫为标准，则船身的形式应该还要造得更精密些，材料应该再选得细致些，油漆应该再配得美观些，船篷应该还要张得整齐，摇船人的脸孔应该还要有血气，不应该如此憔悴；摇船人的衣服要衣冠楚楚，不应该穿得如此褴褛。

游以适意的生活态度

庄子认为，人只有归化自然天地，才能达到悠然自得、游于至乐之境。人在自然中生成，是自然的一部分，人要回到自然界中才能有安放身心归属的幸福感。丰子恺热爱自然，渴望与自然亲近，他“对于山水间的生活，觉得有意义”。即使在战后纷飞的逃难之路上，他依然保持着对大自然的热爱，以愉悦的心态游山玩水。

正如古人所讲：“自然真趣，闲静可得。”丰子恺亦认为，身处于自然田园间不仅可以使人耳目一新，而且可以从中吸取精神营养。陶醉于自然并融汇其中，以此来调节身心，从而培养自己优雅闲适的气质。就像林语堂说的“中国人认为到山中去旅行一次，可以有清心寡欲的功效，使人除掉许多愚蠢的野心和不必要的烦恼”。

山川美景就摆在那里任人浏览，但并不是所有人都能领悟大自然的精妙，只有心中有闲情的人才能忘却喧嚣烦恼，体会游于自然的各种乐趣。丰子恺的闲游，不仅是在自然景色中寻求一份自适、悠闲，以和谐地融入于大自然，更是内心本真的自然诉求。丰子恺寄情于山水之间，在自然之乐中获得“游以适意”的情怀，通过愉悦闲适的休闲体验释放心灵，达到物我两忘的境地。而这绝不是一味贪图舒适享受的西湖游船所能给予的。

NO.4

得意之时淡然，失意之时坦然

——丰子恺谈苦乐人生

人生本就苦乐掺半，没有永恒极致的乐，也没有无穷尽的苦，苦到极点，必然能看到乐。所以，丰子恺说："凡事顺其自然；遇事处之泰然；得意之时淡然；失意之时坦然；艰辛曲折必然；历尽沧桑悟然。"无宠无惊地过一生，是顶好的事，更是难能的境界。

·1·

跌一跤，且坐坐

丰一吟很喜欢父亲的一幅画——《跌一跤，且坐坐》，画面描绘的是一个行路人跌坐在地上，包裹和雨伞放在旁边，漫画上角题写“跌一交，且坐坐”。“这是爸爸在逃难过程中完成的。别人逃亡中，跌倒了，是恨不得立马爬起来往前冲，悔都悔死了。他可不这样。反正跌倒了，干脆就坐在地上开心地休息会。他一直教我们做人要乐观，知足常乐过日子。这是爸爸给我们最大的财富，安乐平和地去面对一切，哪怕是在逃亡当中，也不要错过身边的风景。”

遭遇轰炸

1939年4月8日傍晚，血色的夕阳染红了天边。一辆车子缓缓地从柳州方向驶近宜山县城。突然，一阵刺耳的警报声凄厉地盘桓在宜山县城的上空。城里，防空警报声、哨子声、惊恐万状的哭喊声乱成一片。这辆车子陷入泥沆之中，被迫停在公路边，飞机俯冲下来，帮助推车的几个警察惊恐地四散逃窜……这是浙江大学的专车，车上是丰子恺全家。

1939年 4 月 5 日，丰子恺当时流亡到广西桂林两江，浙江大学校长竺可桢闻讯，立即派专车前去接他，丰子恺携全家11口，辗转阳朔、荔浦、柳州于 4 月 8 日到达宜山，可是当天傍晚，车子尚未进入宜山县城，宜山县城就遭到日军空袭。

紧急警报尚未解除，丰子恺的车子在轰炸声中沿来路返回，又开回到离县城四公里以外的峡口悬岩下暂避。这里是县城南郊，算是一个安全的地方。这时丰子恺遥望宜山县城，暮色深沉的宜山县城，给他留下了深刻的印象，正如他日后所著的《教师日记》中所记：“宜城虽小，而屋宇稠密正卧于山脚之下，静待敌机之来袭，仿佛赤子仰卧地上，静待虎狼之来食也，人间何世，有此景象？念之怒发冲冠……”

警报解除后，车子驶入宜山县城内，向西门而去。当时，开明书店宜山分店就开在宜山县城的西门，丰子恺当时考虑浙大刚搬到宜山，作为一所外省搬来的学校，住房肯定很紧张，为了减轻学校的负担，丰子恺从两江出发之前，就和开明书店宜山分店的负责人约好，租书店楼上的两间房作为居所。

车子在狭窄的石板路上艰难前行，刚到十字街，刺耳的警报声又一次响起，惊魂未定的人们又纷纷涌上大街向县郊逃去。蜂拥的人群堵住了车子前行的道路，车是开不了了，丰子恺一家只好下车，跟着宜山县城逃警报的人群一起，逃出北门门洞，走下龙江河码头，渡过龙江上的浮桥，躲进对岸的一个岩洞里。这个小小的山洞中挤满了老百姓，看见这家外乡人，热情相问，才知道是浙江大学初来乍到的老师，就纷纷同他握手，致以慰问，同他寒暄。丰子恺并没因为遭遇轰炸而懊恼，反而趁此机会慷慨激昂地向宜山人民宣传抗日必胜，投降即亡国的道理。就是这样，他与宜山这块土地，以及这里的人民结下了深厚的情谊。

到了傍晚6点钟，警报解除。丰子恺才赶到西门，竺可桢已经派人在那里等候，并把丰子恺的老母亲、妻子、年幼的孩子接到龙岗园暂住。

“龙岗园”是向宜山当地士绅借的房屋。这里风景环境幽雅、景致优美，比较符合丰子恺的审美情趣。虽是暂住，丰子恺对居所的布置依然费了番心思，这里全是用竹制的家具，没有一点多余的东西，并辅以灰白的土布，这样素雅洁净的家居布置与龙岗园奇石繁树的景致相映成趣。

必胜的乐观

丰子恺一生好静，但时逢战乱，颠沛流离是免不了的。宜山虽地处偏僻，但也躲不开战火的侵袭。不论怎么说总算能在这里安定下来教书、写作，更为重要的是，一家人都平平安安，能够在一起生活，这战火中的人们来说已是一种难得的境遇了，这样的生活丰子恺已感到十分满足了。

丰子恺当时教授两门课程，一门是教育系的“艺术教育”，另一门功课是中文系的“艺术欣赏”。当时学校的条件也很艰苦，丰子恺在日记中写道：“下午到文庙上艺术欣赏课，教室仅容二三十人，而听者有百余人，皆溢出门外，嗷嗷待坐。……因用饭厅为讲堂。饭厅者，一大茅棚也。吾入门时，众已历乱就坐，而桌凳东坍西倒，横陈地上，状似初迁家者。幸有黑板，可以将就开讲。因念如此讲艺术欣赏，恐为古今所未有。”

讲课之余，他在龙岗园潜心著作，写了半部《教师日记》；另有根据在宜山生活的经历与感受，写了《宜山遇炸记》《防空洞所闻》等散文十多篇。

其中，《宜山遇炸记》记述了1939年夏天宜山县城被日本鬼子的飞机轰炸的惨状，首先写了突然遭遇日军飞机的狂轰滥炸，让人心惊肉跳。之后，丰子恺想出一种巧妙躲避空袭的方法：

次日，我有办法了。吃过早饭，约了家里几个同志，携带着书物及点心，自动入山，走到四里外的九龙岩，坐在那大岩洞口读书。逍遥一天，傍晚回家。我根本不知道有无警报了……

据丰宁馨回忆说：“浙大迁到宜山后，我父亲也在宜山任教。那时候，几乎天天有空袭警报，课也很难上。”丰宁馨说，有一次大家躲在野外一个“V”型的岩石中，不想敌机知道大家肯定往城外逃命故意将炸弹投在郊外，“V”型岩石刚好成为敌人目标。丰子恺是这样记述当时的遭遇的：

我通过羊齿植物的叶，静观天空。但见远远一群敌机正在向我飞来，隆隆之声渐渐增大。我心中想：今天不外三种结果：一是爬起来安然回家；二是炸伤了抬进医院里；三是被炸死在这石凹里。正在如此想，敌机三架已经飞到我的头顶。忽然，在空中停住了。接着，一颗黑的东西从机上降下，正当我的头顶。我不忍看了，用手掩面，听它来炸。初闻空中“嘶”的声音，既而砰然一响，地壳和岩石都震动，把我的身体微微地抛起。我觉得身体无伤。张眼偷看，但见烟气弥漫，三架敌机盘旋其上。又一颗黑的东西从一架敌机上落下，“嘶”，又一颗从另一架上落下。两颗都在我的头顶，我用两手掩面，但听到四面都是“砰砰”之声。

数枚炸弹都未命中，以至于丰子恺认为这“V”字就是抗战胜利的象征。尽管生活在危险之中，丰子恺仍以乐观之心待之。在记述浙大遭遇空袭的日记中，他是这样写的：

是日为星期日，但大部分学生并不离校，皆卧倒在沟壑中。弹落身旁，而竟不伤人。且有一学生患神经病，卧调养室中，为炸弹声所吓，其病霍然而愈。墨索里尼言“大炮响于一切”，实未必然。吾谓“炸弹胜于校医”，则已有实证。

丰子恺对中华民族的力量有着深刻理解，深信中华民族是不可能被战争所打败的。1939年，丰子恺在宜山浙大讲演《中国文化之优越》，首先就强调了中国文化的优越性，以此来激励青年的爱国热情和抗战的决心。

在演讲的最后，丰子恺又对青年大学生们提出了自己的希望：“诸君是中国最高学府之学生，不久的将来的中国的向导者。发扬文化之责，端在诸君肩上。务请努力保住中国灵魂，以提倡物质文明及发扬固有之精神文明为己任。这才不愧为一个堂堂的中国大学生。”演讲结束后，丰子恺向学生们深深地鞠了一躬。只要人们保留住“中国的灵魂”，只要这个灵魂不灭，中国就永远有希望，这或许就是抗战时期丰子恺乐观心态的来源。

·2·

在手掌里盛住无限

英国诗人威廉·布莱克说："一粒沙里见世界，一朵花里见天国。手掌里盛住无限，一刹那便是永劫。"他以这首诗给后来者竖起了一座难以逾越的高峰，它表达了短暂与永恒、局限与无限的相对意义；感叹了短暂的内在永恒性，而同样感叹永恒的脆弱；它使我们想起我们的生命、理想，以及一切美好的情感；我们的生命使短暂的，然而我们短暂的生命却蕴含着永恒的意义。

细碎的人生蕴含永恒的意义

丰子恺信奉佛教，佛家也有类似的表述：纳须弥于芥子。佛家以"芥子"比喻极为微小，以"须弥山"比喻极为巨大。怎样以极小的东西包含极大的东西呢？丰子恺是这样理解的：

然人类中也有几个能胜任百年的或千古的寿命的人。那是"大人格"，"大人生"。他们能不为"渐"所迷，不为造物所欺，而收缩无限的时间并空间于方寸的心中。故佛家能纳须弥于芥子。

这篇《渐》是《缘缘堂随笔》的开卷首篇，在此文中丰子恺已为自己平生的文章定下了调子——“入渐知微，见微知著”便是丰子恺艺术创作的品貌和格调。丰子恺终其一生，都致力于表现细碎的东西，却也正是在细碎中传达了人生的社会的意义。

“渐”是时间上的“微”，“微”是空间上的“渐”，都是点滴细碎之意。但是，“使人生圆滑进行的微妙的要素，莫如‘渐’；造物主骗人的手段，也莫如‘渐’”。“‘渐’的作用，就是用每步相差极微、极缓的方法来隐蔽时间的过去与事物变迁的痕迹，使人误认其为恒久不变。”

这有一个比喻的故事：

某农夫每天朝晨抱了犊而跳过一沟，到田里去工作，夕暮又抱了它跳过沟回家。每日如此，未尝间断。过了一年，犊已渐大、渐重，差不多变成大牛，但农夫全不觉得，仍是抱着它跳沟。有一天他因事停止工作，次日，便再也不能抱了这牛而跳沟了。造物弄人，使人流连于其每日每时的生的欢喜而不觉其变迁与辛苦，就是用这个方法的。人们每日在抱了日重一日的牛而跳沟，不准停止。自己误以为是不变的，其实每日都在增加其苦劳！

丰子恺的这个比喻非常简单明白，原本抽象的思维一下变得直观起来了。我们好好的打量一下自己，今年的自己和去年的自己有什么不同，相信每个人都能轻易地发现；这个月的自己和上个月的自己有何不一样，也有些人还能发现；但是，今天的自己和昨天的自己，甚至这一秒的自己和上一秒的自己，两者之间有什么不一样的地方，大概就没有几个人能说出一个所以然来了。然而，两者确实是有区别的，只是用我们的肉眼，看不见这些细微的不同。我们之所以察觉不到，是因为时间对我们每一个人都用了一种圆滑的手段，这就是“渐”。

抓住了“渐”就抓住了时间，抓住了“微”就抓住了空间。丰子恺在谈论哲学命题，有意无意地为自己找到了一种文学态度、文学精神和文学内容。终其一生，丰子恺都在用力用心表现细碎的东西，却正是在细碎中传达了人生的社会意义。

细碎中的伟大

丰子恺在这篇文章中，将人生比作搭火车，“大家都要下去的！”。肉体的灭失既然无法回避，便只能积极面对。

丰子恺将这种灭失置于宏大的宇宙和社会时空中进行思考，由此而发展出对个体生命的社会延续的思考。延续方式有以下两种方式。

其一，通过血缘的纽带，让生命在下一代身上延续。漫画《何日平胡虏，良人罢远征》正是很好的体现：一位怀抱婴儿的年轻母亲，闲谈中正在打听丈夫的消息，盼望战争结束，良人归田一家团聚，生活回归到和平时期的日常。与此形成对比的是另一幅画《征夫语征妇，死生不可知，欲慰泉下魂，但视襁中儿》。死生不可知，应当是战争年代更为普遍的状态，聊可慰藉征妇的是，哪怕征夫为国捐躯，他的生命之火仍然在下一代身上得到了传递。

其二，通过民族的纽带，生命在另一个体身上得到延续。在具体物质的意义上，作为特定个体，肉体的毁灭就是永远地失去了生命，但在抽象精神的意义上，作为想象的共同体，民族却可以再造生命。在流亡途中，丰子恺妻子怀孕，他给还未出世的孩子取名“新枚”；他没有沉浸在香火绵续、家族添丁的天伦之乐中，而产生了“希奇”（稀奇）之念：

一定是在这回的抗战中，黄帝子孙壮烈牺牲者太多；但天意不亡中国，故教老妻也来怀孕，为复兴新中国增添国民……(“新枚”)这两字根据我春间在汉口庆祝台儿庄胜利时所作的一首绝诗。诗曰：“大树被斩伐，生机并不绝，春来怒抽条，气象何蓬勃！”这孩子是抗战中所生，犹似大树被斩伐后所抽的新条。

这不是一般日常生活中自然意识，也不是在一般社会生活中能够产生的意识，而是将人类视为自然界的一部分，在整个宇宙时空中的思想自觉。这一自觉是如此强烈，以致丰子恺在整个抗战时期，一再表现“大树再生”的主题。用被斩伐了枝叶的再生之树比喻生命，只有在国家、民族的意义上才是成立的。对此丰子恺十分清楚：在前线，尽管许多士兵阵亡，然而后方能新生出更多的兵士，上前线继续抵抗；中国就好比这一颗树，虽被斩伐了许多枝条，但新生出来的比原来更多，将来会成为比原来更大的树。

·3·

苦乐悠然，赤胆忠心

丰子恺追求生活的趣味，追求一种自由独立的生活状态。然而他所生活的时代，中国社会的风云变幻，丰子恺类似隐居的生活和他对现实社会、政治的有意疏远，很容易给人产生一种消极、厌世、颓废的印象。

其实不然。丰子恺在上小学时，正值中国外患日逼的时期，那时民间曾经有“抵制美货”“抵制日货”“劝用国货”等运动。丰子恺小学时便与同学们扛着旗子，口中唱着李叔同的《祖国歌》“上下数千年，一脉延，文明莫与肩；纵横数万里，膏腴地，独享天然利”，上街宣传“劝用国货”。在他心里，爱国的火焰从未熄灭过。

偷闲不是颓废

1930年4月，左翼作家柔石就在《萌芽》杂志一卷四期上发表了《丰子恺君底飘然态度》曰：“最近在一本杂志上读到丰子恺君的随笔。他在这两篇随笔上的意思，都叫青年们放下课本去观赏梅花，似乎不去观赏，连做人的意义都要失去了一样。”批评丰子恺脱离于时代大潮之外。

丰子恺在逃难期间仍忙里偷闲带着全家去游桂林山水，生性乐观的他说这是因祸得福。于是便有人指责他在抗战期间还有心思游山玩水，对国家命运有漠不关心之嫌。

事实上，丰子恺是始终关注社会的，就如他自已所追求的目标“把一生奉献给艺术，直到现在没有变志”。他在将生活艺术化、追求“人生无益之事”的同时，也将艺术融入到了大众生活中。他毕生所追求的艺术人生，是与大众百姓的生活融合在一起的。丰子恺平日醉心艺术，极少关心政治，抗战期间大概是他一生中对时局最为关切的时期。1938年到达汉口后，他换下长袍穿起中山装，加入了中华全国文艺界抗敌协会，担任《抗战文艺》的编委，发表了大量文章与，漫画作品。他自言，“虽没能投笔从戎，但我相信以笔代枪，凭我五寸不烂之笔，努力从事文艺宣传……军民一心，同仇敌忾，抗战必能胜利。”

与其怨天尤人，不如乐观对待

浙大迁往宜山时，大家的工作和生活条件都十分恶劣。一向追求趣味的丰子恺，也安之若素，不以为苦。

浙大一位老师的夫人病故，丰子恺去送殡，他在日记中写道："见竺可桢校长亦来送殡，其黄色制服之裤，臀部有两破洞，大如手掌。吾几失笑。"一校之长都如此，更不要说普通教师和民众了。丰子恺感叹："于此可知竺校长之节俭。俭以养廉。廉以励节。廉俭与节，今日中国之良药也。"能够这样看待问题，当然再苦的环境也能承受。

丰子恺从浙江一路向西，历经千辛万苦，却始终乐观处之，重要原因之一便是对这场战争抱了必胜的信念。4月28日因担心敌机来袭，耽误了半天时间，他乐观地写道："此半天将来一并向侵略者算账。"5月29日的《中国文化之优越》的演讲中，他又从文化的角度推论："日本必败无疑。"这些都是其内心信念的自然流露。

丰子恺对弘一法师执弟子礼，受佛学思想影响甚深。能在战争期间收到老师的书法作品，深为感动，叹"今世恶众生多如狗毛。非发能堪耐心，不屑救渡。遁世之士，高则高矣，但乏能堪耐心，故非广大慈悲之行"。丰子恺在抗战之时，能坚忍如故，想必是将面临的生存困境当成了普渡众生的修行吧！

以笔代枪的文艺斗士

1937年春，丰子恺以鲁迅小说《阿Q正传》为题材创作了同名漫画，为的是让目不识丁的广大劳动人民也能看懂，但不幸的是印刷厂遭遇了炮火的袭击，画稿化为灰烬。1938年，钱君匋听说后，替《文丛》期刊向丰子恺索要画稿，重画一遍的稿子刚发表了两幅，就碰上日军在广州的大轰炸，画稿再次葬于火海。

丰子恺没有气馁，反而更有斗志，他说："炮火只能毁吾之稿，不能夺吾之志。只要有志，失者必可复得，亡者必可复兴。”抱着这样的信念，他于1939年3月，在舟车劳顿中第三次重绘“阿Q”。此画集后来重印了15次，影响极其深远，被朱光潜评价为“以出世的精神做入世的事业”。

1938年12月1日在桂林师范，丰子恺遇到了一件让他心中颇为难受的事情。在课上，他给学生展示了这样一幅漫画：一位母亲背负着婴儿向防空洞狂奔，身边是不停落下的炸弹，此刻婴儿的头已被弹片削去，正飞向天空，而母亲浑然不知，仍负着无头的婴儿奔逃。这幅《轰炸·广州所见》是丰子恺根据耳闻目睹的场景所画，意在以敌机轰炸之惨状激发国人抗日的意志。

不料，漫画一挂上壁，教室里哄堂大笑，世间竟有无头婴儿！笑声让丰子恺惊愕不已：

此画所写，根据广州事实，乃现在吾同胞间确有之惨状，触目惊心，莫甚于此。诸生不感动则已矣，哪里笑得出？更何来哄堂大笑？……那组人正在对着所画的无头婴儿哄堂大笑的时候，七十里外的桂林城中，正在实演这种惨剧，也许比我所画的更惨。

那堂课原本是要讲漫画技法的，但一向温和的丰子恺竟被气得讲不下去，直说技法不重要首先应该矫正做人的态度。冷静下来一想，丰子恺又觉得：“诸生之心肠必非木石，所以能哄堂大笑者，大约战祸犹未切身，不到眼前不能想象。”在日常生活中，“活着”的价值之所以被漠视，正在于此：自在的日常生活不会自我觉醒，日常生活的艺术表现也只是外在的唤起，非切身经历者难得真正的感受。

于是，丰子恺愤然批评了这些后方“眼光短浅、非亲见前线惨状不能感动的人”；他以为，日寇“将他们的暴行演给后方到处的人看……他们在我国内所投炸弹，每一颗是唤起民众抗敌的一架警钟”，这警钟也应当唤醒麻木不仁的大众，省思求生的价值。

·4·
读书的苦学之境

丰子恺一生都极富学习的热情，而且知识渊博。他一生勤奋好学，刻苦钻研，先后学过日语、英语、俄语等五种语言。丰子恺学外语，尤其是俄语，既没有老师，也没有完备的教材，全靠自己刻苦钻研，而且那个时候他已经50多岁了。“三毛之父”张乐平初与丰子恺交往时，便为他的博学所倾倒，后来看到丰子恺自学俄语，更是钦佩之至。

一生苦学

20世纪20年代，十几岁的张乐平在上海三马路望平街转角处的广告公司当学徒，常趁着休息的时候到四马路观看开明书店橱窗里丰子恺的漫画。他被这些独特的、具有中国风格的漫画深深地吸引住了，一心想着，若能见一见丰子恺先生该多好。

1932年“一•二八”事变后，张乐平也开始了漫画创作，从此知道“漫画”二字就是丰子恺从日本翻译到中国的，于是愈发想与丰子恺见面，但总没有机会。1937年抗日战争爆发，张乐平与叶浅予等人组成了“抗日漫画宣传队”，辗转苏、浙、赣、湘、鄂、闽、粤、桂等地，沿途以布画形式向民众宣传抗日。

一次偶然的机会，张乐平在武昌经人介绍终于见到了他崇拜已久的丰子恺。他俩约定一起到汉口上海书局对面一家绍兴酒店饮酒。丰子恺为人风趣，饮酒谈天中流露出的渊博学识使张乐平受益匪浅。

不久，张乐平就被派到安徽、江西一带从事抗战漫画宣传工作，两人直到解放后，才有机会再见面。有一次，得知丰子恺患病在家，张乐平前去探望，看到他正抱病学俄文，大为感动。此时，丰子恺已年过半百，已经掌握了日、英、法、德四种外语，还要从头学习俄文。更使人吃惊的是，他的俄文学了仅仅九个月就开始阅读俄文原版的托尔斯泰的长篇小说《战争与和平》了，全书九个月读完。之后他就动手翻译屠格涅夫的《猎人笔记》，共31万字，仅用五个月译完。从开始学俄语到动手译《猎人笔记》，还不到两年。

学习必须吃苦

丰子恺曾专门写过一篇文章，专讲自己苦读的学习方法，并谦虚地称自己的方法是笨法子。丰子恺学习外语的效率很高，然而并没有什么取巧的办法，无论单词、语法还是会话，都离不开机械的方法。

学外语首先要记单词，不管多聪明的人不记单词是绝对学不了外语的。丰子恺学习日语时，也是机械地死记硬背。在杭州读书时，他利用晚上的时间和老师学日语，买来一大厚本《日语完璧》，把后面所附的分类单词一一记诵。当时只是硬记，不能应用，且发音也不正确，但这没有关系。后来，丰子恺到了日本，从日本人的口中听到自己以前所硬记的那些单词，实证之后，就记得更加清晰了。这使他确信，硬记单词是学外国语的最根本的善法。

在学习语法的时候，丰子恺不一依靠讲语法的教科书，他说：“我的机械方法是‘对读’。例如拿一册英文圣书和一册中文圣书并列在案头，一句一句地对读。积起经验来，便可实际理解英语的构造和各种词句的腔调。圣书之外，其他品种的英文名著和名译，我亦常拿来对读。日本有种种英和对译丛书，左页是英文，右页是日译，下方附以注解。我曾从这种丛书得到不少的便利。”

关于会话的学习，在丰子恺看来是十分必要的。他认为学外国语必须精通会话，同外国人交流当然得会话，但自己读书也必须得能够会话才行。因为不通会话，不能体会语言的腔调；腔调是语言的神情所寄托的地方，不能体会腔调，便不能彻底理解诗歌、小说、戏剧等文学作品的精神。丰子恺学习会话，也用笨法子，这个方法就是“熟读”。选好自己要读的书，每日熟读一课，定期读完。至于熟读的方法，他自称很笨，然而经过验证是很有效的：

我每天自己上一课新书，规定读十遍。计算遍数，用选举开票的方法，每读一遍，用铅笔在书的下端划一笔，便凑成一个字。不过所凑成的不是选举开票用的“正”字，而是一个“读”字。例如第一天读第一课，读十遍，每读一遍画一笔，便在第一课下面画了一个“言”字旁和一个“士”字头。第二天读第二课，亦读十遍，亦在第二课下面画一个“言”字和一个“士”字，继续又把昨天所读的第一课温习五遍，即在第一课的下面加了一个“四”字。第三天在第三课下画一“言”字和“士”字，继续温习昨日的第二课，在第二课下面加一“四”字，又继续温习前日的第一课，在第一课下面再加了一个“目”字。第四天在第四课下面画一“言”字和一“士”字，继续在第三课下加一“四”字，第二课下加一“目”字，第一课下加一“八”字，到了第四天而第一课下面的“读”字方始完成。这样下去，每课下面的“读”字，逐一完成。“读”字共有二十二笔，故每课共读二十二遍，即生书读十遍，第二天温五遍，第三天又温五遍，第四天再温二遍。故我的旧书中，都有铅笔画成的“读”字，每课下面有了一个完全的“读”字，即表示已经熟读了。

这样机械地“死读书”看起来很笨，但这样一直读下来，前面的内容就会不由自主地背诵出来。丰子恺学日语时就是这样，在国内时只是如此“笨读”，虽然发音和语调都不正确，但会话的资料已经完备了。一到日本听了日本人说话，就自然而然地改正了自己的发音和语调。这比到了日本才从头现学，要进步得快多了。

丰子恺一生勤奋好学，他用自己的经历告诉我们，学习没有捷径，唯有肯吃苦而已。

·5·

死比生容易，生比死更苦

“死比生容易，生比死更苦”，出自丰子恺编著的《梵高生活》。然而直到抗战时期的流亡中，战争凸显了生的价值，面对无可闪避的死，丰子恺才真正开始思考生死。

死亡的阴霾

丰子恺出生于农历九月二十六日，在他40岁生日那天祝寿按老规矩照常进行：“糕桃寿面，陈列了两桌；远近亲朋，坐满了一学堂。堂上高烧红烛，室内开设素筵。屋里充满了祥瑞之色和祝贺之意。”一切似乎都与过去没什么区别。

按照公元纪年，那天是1937年11月17日，距离“七七事变”爆发才四个多月，在上海“八一三事变”爆发后三个多月，当时日军的炮火已经打到了江南，松江失守，嘉兴已被炸得惨不忍睹。在前来祝寿的宾朋中，有从外面逃回来的，“谈话异乎寻常”。

有一人是从上海南站搭火车逃回来的。他说：“火车顶上坐满了人，还没有开，忽听得飞机声，火车突然飞奔。顶上的人纷纷坠下，有的坠在轨道旁，手脚被轮子碾断，惊呼嚎啕之声淹没了火车的开动声！又有一人怕乘火车，是由龙华走水道逃回来的。”他又说，上海南市变成火海。无数难民无家可归，聚立在民国路法租界紧闭的铁栅门边，日夜站着。落雨还是小事，没有吃的才是最惨！法租界里的同胞拿面包隔着铁栅栏抛过去，无数饥饿的路人乱抢一通。有的面包落在地上的大小便中，他们管自挣得去吃！我们一个本家从嘉兴逃回来，他说有一次轰炸，他躲在东门的铁路桥下，看见一个妇人抱着一个婴孩躲在墙脚边喂奶。忽然，车站附近落下一个炸弹。弹片飞来，恰好把那妇人的头削去。在削去后的一瞬间中，这无头的妇人依旧抱着婴孩危坐着，并不倒下；婴孩也依旧吃奶。

这次笼罩在战争阴霾下的聚会，成了“缘缘堂”最后的美好记忆。原本大家都认为石门湾这种小地方对战局没什么影响，不会遭到轰炸。谁曾想仅在一周之后，战火就烧到了石门湾。

遭遇空袭

那天与往常一样，丰子恺上午照例坐在书斋里工作，正在画一册《漫画日本侵华史》，是根据了蒋坚忍著的《日本帝国主义侵略中国史》而作的。他想把每个事件都画成漫画，加以简单的说明，一页说明与一页图画相对照，形似《护生画集》，希望文盲也看得懂；再照《护生画集》的办法，照印本贱卖，使小学生都买得起。这计划是“八一三事变”以后决定的，这时候正在起稿，尚未完成。他的几个子女，大一些的陈宝、林先、宁馨、华瞻四人原本在杭州念中学，此时学校停课，都在家自修；小一点的两个，元草与一吟正在本地读小学，一早就去了学校。

上午，崇德被炸，石门湾有震感，但大家依然认为石门湾这样的小地方“请他来炸也不肯来的”，于是大家的生活一切照旧。午饭时间，一架双翼侦察机低低地飞过。丰子恺坐在餐桌前透过玻璃窗望去，甚至可以看得清飞机中的人影。石门湾没有警报设备。以前常有飞机过境，也辨不出是敌机还是自己的。“我上午听见震响，这时又看见这侦察机低飞，心知不妙。但犹冀望它是来侦察有无设防。倘发见没有军队驻扎，就不会来轰炸。谁知他们正要选择不设防城市来轰炸，可以放心地投炸弹，可以多杀些人。这侦察机盘旋一周，看见毫无一个军人，纯是民众妇孺，而且都站在门外，非常满意，立刻回去报告，当即派轰炸机来屠杀。”

下午两点，又传来飞机的轰鸣声，丰子恺忙把窗外的孩子叫进屋。这一次空袭真的来了：

“就听见砰的一声，很近。窗门都震动。继续又是砰的一声。家里的人都集拢来，站在东室的扶梯下，相对无言。但听得墙外奔走呼号之声。我本能地说：‘不要紧！’说过之后，才觉得这句话完全虚空。在平常，生活中遇到问题，我以父亲、家主、保护者的资格说这句话，是很有力的，很可以慰人的。但在这时候，我这保护者已经失却了说这句话的资格，地面上无论哪一个人的生死之权都操在空中的刽子手手里了！忽然一阵冰雹似的声音在附近的屋瓦上响过，接着沉重地一声震响。墙壁摆动，桌椅跳跃，热水瓶、水烟袋翻落地上，玻璃窗齐声大叫。我们这一群人集紧一步，挤成一推，默然不语，但听见墙外奔走呼号之声比前更急。忽想起了上学的两个孩子没有回家，生死不明，大家耽心得很。然而飞机还在盘旋，炸弹、机关枪还在远近各处爆响。我们是否可以免死，尚未可知，也顾不得许多了。忽然九岁的一吟哭着逃进门来。大家问她‘阿哥呢？’她不知道，但说学校近旁落了一个炸弹，响得很，学校里的人都逃光，阿哥也不知去向。她独自逃回来，将近后门，离身不远之处，又是一个炸弹，一阵机关枪。”

丰子恺全家头顶棉被躲在桌子下，大约躲了一个小时敌机才走。四点，元草终于平安回家了，他跟着别人离开学校后躲到了郊外，并未遇到危险。

一向宁静的石门湾遭到重创：“两小时内共投炸弹大小十余枚，机关枪无算。东市炸毁一屋，全家四人压死在内。医生魏达三躲在晒着的稻穗下面，被弹片切去右臂，立刻殒命。我家后门外五六丈之处，有五人躺在地上，有的已死，脑浆迸出。有的还在喊‘扶我起来！’（但我不忍去看，听人说如此。）其余各处都有死伤。后来始知当场炸死30余人，伤无算。数日内陆续死去又30余人。”

丰子恺在战争阴霾中历经的这一年，胜过之前的40年，他的求生意志变得比过去任何时候都强烈。最能激发这种意志的，莫过于活生生的杀戮。

·6·

人生苦到极点，必然得福

1947年春节前夕，丰子恺写下文章《新年小感》。在他小时候，一年之中最快乐的就是过年的这几天，就连老板着脸的管账先生和会凶小孩子的隔壁老爹爹也来同孩子们一起游戏。只是新年之乐，好像一支蜡烛，越点越短：“点了四十几年，只剩下一段蜡烛芯子，横卧在一摊蜡烛油里，明灭残光，眼见得就要消逝了！”

当时，丰子恺一家终于结束了逃难，经历过战争的苦难，人们对幸福有了更深的理解。

辞别“缘缘堂”

石门湾遭到轰炸后，丰子恺的妹夫蒋茂春同弟弟摇来一只船，要丰子恺一家赶紧离开。丰子恺一家十口——夫妇二人、子女六人、作客的岳母，以及从旧式家庭出走的姐姐满哥，在这潇潇暮雨之中开始了颠沛流离的生活。丰子恺说：“我恨不得有一只大船，尽载了石门湾及世间一切众生，开到永远太平的地方。”

临行的前一晚，丰子恺检点行李，发现少了一样最重要的东西——现金。丰子恺一向轻财，除了几张银行存单，家里只有数十圆的现款。幸好孩子们平时生日里拿到红包并不拆，这回大家把红包都拿出来拆开，凑了400元。

丰子恺一家先走杭州，溯江而上，准备先去桐庐投奔儒学大师马一浮，之后再行定夺。

没有了“缘缘堂”的庇护，向来衣食无忧的丰家人，不得不与无数流亡者一样，扒车顶，宿凉亭，吃大饼，喝冷水。意想不到的是，餐风宿露、饥寒交迫的流亡给他们带来了从未有过的感受。在杭州逃往桐庐途中，大家饥肠辘辘，丰子恺拿出一些油沸粽子分送给“十余个饿人，就当作夜饭了”。这是在杭州六和塔下的一家茶店门口买的，先前已经吃过，但在这时，丰子恺感觉异样：“这一只油沸粽子非常味美，为我以前所未曾尝到。我一粒一粒地吃，惟恐其速完。”

就在欣赏米粒的过程中，丰子恺发现：“这美味，分明不在粽子上，而在我的舌上。可知味的美恶无绝对价值，全视舌的感觉而定。大饥大荒，则树皮草根美于粱肉；穷奢极欲，则粱肉味同糟粕，而必另求山珍海味。得十求百，得百求千，得千求万……”

次日，这奇怪的美味在浙江富阳的面食里又一次产生了。清晨，大家肚子饿得很，便上岸去找食物。丰子恺带了两个孩子，到一家小吃店吃素面。他们已经差不多两天没吃过热饭了，这碗面热辣辣的，味美无比。流亡的日子里，丰子恺常有机会“享用”这种“过去没有的”美味。

这所谓的“美味”，其实也不全美在舌头上，更重要的是在心里，唯有在艰难生活里才能体会到。在太平岁月所谓的“啰嗦生活”中，却没有这样的满足感。

沙坪小屋的美好时光

在经历过逃难的种种辛劳后，丰子恺一家在重庆的沙坪小屋安顿下来，直到抗战胜利他们仍不时怀念那里度过的岁月。

丰子恺向来爱喝酒，但在贵州的几年间他却几乎戒了酒，即便是茅台他也不爱喝。他不喜欢喝白酒，因为白酒易醉。丰子恺认为，“吃酒图醉，放债图利”，这种功利的吃酒，实在不合于吃酒的本旨。由贵州茅台酒的产地遵义迁居到重庆沙坪坝之后，丰子恺开始恢复晚酌，酌的是“渝酒”，即重庆人仿造的黄酒。沙坪的酒，当然远不及杭州、上海的绍兴酒，但在“使人醺醺而不醉”效果上是一样的。

在沙坪小屋的晚酌中，眼看着抗战的局势一天天好转。全家人白天各自看报，晚餐桌上大家报告讨论。“我在晚酌中眼看东京的大轰炸，莫索里尼的被杀，德国的败亡，独山的收复，直到波士坦宣言的发出，八月十日夜日本的无条件投降。我的酒味越吃越美。”

胜利的欢喜，是在沙坪小屋的晚酌中吃出来的，所以丰子恺觉得世间的美酒，无过于沙坪坝的四川人仿造的渝酒。那是他有生以来，尝过的最美的美酒。

经历过苦难，方知“人生的幸福可由人自己制造出来。物极必反，人生苦到了极点，必定会得福。好比长夜必定会天亮一样。新年之乐的蜡烛已经快点完了。不要可惜已经点去的部分，还是设法换一枝新的更长大的蜡烛；最好换一盏长明灯，光明永远不熄”。

·7·
看淡世事沧桑，内心安然无恙

丰子恺曾写过一篇咏叹人生的《秋》，常人大多喜欢春的生机勃勃，而他却嫌群花斗艳、蜂蝶的扰攘，觉得天地间的凡庸、贪婪、无耻与愚痴，无过于此了！还说“迎送了三十几次的春来春去的人，对于花事早已看得厌倦，感觉已经麻木，热情已经冷却，决不会再象初见世面的青年少女似地为花的幻姿所诱惑而赞之、叹之、怜之、惜之了。况且天地万物，没有一件逃得出荣枯、盛衰、生天、有无之理”。

春去秋来，看淡世事沧桑

丰子恺年轻时对春有着一种独爱，所以总是“设法招待它，享乐它，永远留住它”，而且作诗作画，痛饮三江，并秉烛夜游，享用春色。青年时代的他完全陶醉于明媚春光。但是萧瑟的秋天总是要来的，正如人的一生，短暂而美好的青春总要流逝。

摒弃了对春的那份挚爱，先生逐渐领悟到了秋的神韵。春去秋来，花开花谢，人生的进程不过如寒来暑往的四季交迭。所以，他的心境与秋意冥合，且不像年轻时候那样对于春的狂喜与焦灼而对秋的淡漠与悲哀，此时他只感觉秋的可爱与融化其中的宁静，“只觉得一到秋天，自己的心境便十分调和”。并常常感到“被秋风秋雨秋色秋光所吸引而融化在秋中”，以至于“暂时失却了自己的所在”。

当然，在对春的不满中，也流露出丰子恺对人生现实的不满。这既是对20世纪20年代末中国社会现实的不满，同时也是佛家思想的一种表现。生死轮回、涅槃寂静，佛家认为一切生物包括人类在内都在不断的轮回中生活，正像春夏秋冬四季之景不同一样，处于生灭变化的瞬时状态。

秋的感悟

对秋的感悟也让丰子恺体验到生的意义、死的价值。在这过程中，丰子恺不仅消除了惜春伤春的热情，而且还在生荣死灭之间重新做了慎重的选择：“我觉得生荣死灭不足道，而宁愿欢喜赞叹一切的死灭”。这选择虽带着悲观的色彩，但却是彻悟人生的旷达之言。生与死、荣与辱、瞬时与永恒，这些矛盾的统一体，磨炼着人的毅志、胸境与处世态度。翩翩少年，由于意气风发，看到的只是无休止对世界的占有，所以对于死，怀着万分的恐惧。他在文章中指出“不懂事的少年和死亡相隔得那么遥远”，所以“没有必要去惊醒他们人生的美梦”。然而，对那些预感到死的恐惧降临而只能继续选择忍耐的人来说，他们或者“求神拜佛，遍寻名山”，去找那羽化登仙的住所；或者“纸醉金迷，花天酒地”，怀着捞一把的心情来占有夕阳西下的道道余辉。

不敢面对死，就不能正确地对待生。

这篇文章虽题为《秋》，却是从秋天的感受入手，写出了他对春秋的取舍、对生死的看法，既有秋心老练、超脱风俗的成熟，也有看破红尘又无法了却凡心的矛盾。展现了丰子恺对人生真谛深一层次的领悟，当他拂去了“自古逢秋悲寂寥”的感伤，更给人留下一份达观与成熟。

旷达人生

清代学者洪应明认为“世间广狭，皆由自造”只有心胸豁达，不为庸事所扰，才能享受真正的生活乐趣和人生幸福。从这点来讲，丰子恺之所以能欣然地看待生活，最重要的一点便是其“达”的处世哲学。

丰子恺经历了抗战时期的艰辛，晚年又遭受“文革”的痛楚，但是他对生活始终保持着积极乐观的态度，在困苦中偷得闲情，依然保持悠闲安适从容的生活状态，这是只有达观境界的人才能做到的。

丰子恺从中年起开始蓄须，他在心情悠闲时，常用手捋捋胡须。文革期间丰子恺的白须被造反派剪掉了，别人为他鸣不平，他却风趣地对人讲：“‘文化大革命’使我年轻了。”1969年秋，他被下放到上海郊区劳动，女儿丰一吟探望父亲时，看到父亲苍老憔悴的样子很是心疼。他反而自我解嘲地安慰女儿：“地当床，天当被，还有一河浜的洗脸水，取之无尽，用之不竭，是造物者之无尽藏也……”

人生在世，需要面对各种层出不穷的生活境遇。丰子恺始终能够以一种超然、达观的心境坦然处之，在很大程度上，“达”成为丰子恺处世哲学的根底，也是其游于世、谐于世的处世态度的基础。

·8·

以理想之美，改现实之恶

在丰子恺的漫画和文章中很少有辛辣的讽刺，但并不等于他对现实是回避的。恰恰相反，丰子恺的大多数创作都来源于现实生活中，笔下的场景和人物皆是身边亲切平实的日常生活，他的一颗慈悲之心所散发出来的温情，让笔下的每一幅画面、每一篇文字都透着和谐、自然和温暖。表现出人与自然之间的和谐，人与人之间的和睦，无论什么时代，对社会永远都是有积极意义的。

艺术不是无用的消遣

艺术常被人视为娱乐的、消遣的玩物，故艺术的效果也就只是娱乐与消遣而已。有人反对这样的说法，为艺术辩护，说艺术是可以美化人生，陶冶情操的。但他们所谓 “美化人生”，往往只是指房屋、衣服的装饰；他们所谓的“陶冶性灵”，又往往是附庸风雅之类的浅见。结果只是把艺术看作一种虚空玄妙、不着边际的东西。这都是没有真正认识艺术本质的表现。

艺术及于人生的效果，可分为直接与间接两种。人面对艺术品时直接兴起的作用是直接影响，研究艺术之后间接受到的影响是间接影响。即前者是“艺术品”的效果，后者是“艺术精神”的效果。

直接效果，就是我们创作或鉴赏艺术品时所得的乐趣。这种乐趣包含两方面，第一便是自由。丰子恺认为：研究艺术（创作或欣赏），可得自由的乐趣。因为我们平日的生活，都受环境的拘束。所以我们的心不得自由舒展，我们对付人事，要谨慎小心，辨别是非，打算得失。我们的心境大部分的时间是戒严的。唯有学习艺术的时候，心境可以解严，把自己的意见、希望与理想自由地发表出来。这时候，我们享受一种快慰，可以调剂平时生活的苦闷。例如世间的美景，是人们所喜爱的。

对于艺术带给欣赏者天真，丰子恺是这样解释的：艺术好比是一种治单相思与自大狂的良药。唯有在艺术中，人类解除了一切习惯的迷障，而表现天地万物本身的真相。画中的朝阳，庄严伟大，永存不灭，才是朝阳自己的真相。画中的田野，有山容水态，绿笑红颦，才是大地自己的姿态。美术中的牛羊，能忧能喜，有情有意，才是牛羊自己的生命。诗文中的贫士、贫女，如冰如霜，如玉如花，超然于世故尘网之外，这才是人类本来的真面目。所以说，我们唯有在艺术中可以看见万物天然的真相。

至于间接的效果，就是我们研究艺术要素之后，心灵所受到的影响，换言之，就是体会到了艺术的精神，而表现此精神于一切思想行为之中，此时整个人生已变成艺术品了。丰子恺将这样的效果概括为两点：第一是远功利，第二是归平等。

人生处世，功利原不可不计较，太不计较是不能生存的。但一味计较功利，直到老死，人的生活实在太冷酷无聊，人的生命实在太廉价而糟塌了。所以在不妨碍现实生活的范围内，能酌取艺术的非功利的心情来对付人世之事，可使人的生活温暖丰富起来，人的生命高贵而光明起来。所以说，远功利，是艺术修养的一大效果。

至于归平等。我们平常生活的心，与艺术生活的心，二者最大的差异在于物我的关系上。在平常生活中，视外物与我是对峙的。艺术生活中，视外物与我是一体的。对峙则物与我有隔阂，我视物有等级。一体则物与我无隔阂，我视物皆平等。故研究艺术，可以养成平等观。

特殊年代的有情世界

“文革”期间，丰子恺是上海文艺界首当其冲的“十大重点批斗对象”之一，也是被批斗得最惨的艺术家之一。1970年2月2日，丰子恺全身抽搐昏迷，送医院抢救后被诊断为“中毒性肺炎”，在给幼子丰新枚的信中，他非常庆幸自己生病，3月28日出院后他得以回家休养，一直到1975年秋病重诊断出肺癌，这段时间成为他人生最后的创作时光。

起初丰子恺只能躺着，待好一些能坐起来了，他就趁着凌晨家人没醒重新拿起画笔。就这样，凭借回忆，丰子恺从自己早年散失的旧作中选取诗词题材重画了70余幅，每样四张，共四套《敝帚自珍》。创作完毕，73岁高龄的丰子恺写下：“虽甚草率，而笔力反胜于昔。因名之曰‘敝帚自珍’，交爱我者藏之。今生画缘尽于此矣。”四套作品分赠给幼子丰新枚、长孙女儿南颖、幼女丰一吟的女儿小明和学生胡治均。

丰子恺曾画过一幅非常简单的画：一位白发苍苍的老人挑着沉重的扁担赶路。因为孟子说过“颁白者不负戴于道路”所以丰子恺给它题名《颁白者》。一个让头发花白的老人还承受着生活重担的社会绝不是理想社会。同情、悲悯、抗议，都在这三字短题中体现了。

无论画人也好，画景也罢，丰子恺笔下总是蕴藏着对生命和自然的礼赞，待到晚年，经历过苦难和丑恶的涤荡，当他重新提笔，依然描绘的是自己心目中的理想世界，当我们今天再看到那些作品，仍旧会被其中的美好所打动。这就是丰子恺的艺术态度，也是他的生活态度。

NO.5

承续至性深情，描绘有情人间

——丰子恺谈漫画人生

丰子恺说："漫画二字，望文生义，漫，随意也。风随意写出的画，都不妨称为漫画，因为我作漫画感觉同写随笔一样。不过或用线条，或用文字，表现工具不同而已。"丰子恺的漫画，简洁朴素，蕴含着出世的超然情怀和入世的眷眷之心。他的漫画世界既有让人感动的平凡，也有令人落泪的辛酸。

·1·

漫画中的幽默：童心与同情的美学

中国的漫画是由丰子恺起，才成为一个画种，并由此开始得以发展的。

欣赏丰子恺的漫画，会被一种专属于《子恺漫画》的幽默所吸引和感动。

1946 年，丰子恺总结自己之前20余年的漫画历程，大约划分出四个时期：表现古诗句时代、表现儿童相的时代、表现社会相的时代、表现自然相的时代。专属于《子恺漫画》的幽默，不仅贯穿了这四个时期，而且贯穿了丰子恺的整个漫画生命。

《子恺漫画》的幽默的内涵是什么呢？ 概括讲，就是简约的描绘、童心的趣味和同情的表现。

简约的描绘，是指《子恺漫画》是用非常简约的笔墨和形式表现图像，简单却传神。童心的趣味，是指返身为儿童，用儿童的眼睛看世界、用儿童的心灵体验世界。同情的表现，是指漫画将自我的情感与描绘对象化为一体，表现的是这种主客交融的境界。

简约的描绘

丰子恺的漫画，无论表现的是人物还是景物，都只用非常简略的线条勾勒出，而背景除了必需的背景要简略交代外，几乎是空白的。这样简约的漫画风格，首先来自于他对漫画的认识。他说：“漫画二字只能望文生义。漫，随意也。凡随意写出的画，都不妨称为漫画，如果此言行得，我的画自可称为漫画。因为我做漫画，感觉同写随笔一样。不过或用线条，或用文字，表现工具不同而已。”

丰子恺对漫画的定义，突出漫画的主旨是表达即兴而特别的思想情趣，而非精细规范的艺术造型。丰子恺说：“我的画既不摹拟什么人的笔法，也不根据什么立体派、平面派的理论，只是像记账般地用写字的笔来记录平日的感兴而已。因此关于画的本身，没有什么话可谈；要谈也只能谈谈作画时的因缘罢了。”

漫画是以“随意写出”的方式来表现即兴的思想情趣，所以描绘的手法就不能繁复，而必须简略。简略的意义，是及时捕捉即兴的思想情趣，而且贴切地把它们表现出来。丰子恺说：“古人云：‘诗人言简而意繁。’我觉得这句话可以拿来准绳我所欢喜的漫画。我以为漫画好比文学中的绝句，字数少而精，含义深而长。”

然而丰子恺漫画的简约风格，还有更深刻的基础，即丰子恺对中国传统绘画之美的继承。他认为，中国画与西洋画相比，中国画更接近于诗，是“诗与画的内面的结合”。所谓“画中有诗”，不只是借绘画来表现诗的题材，而是指中国画的一切表现手法都是诗化的，其特点是：凡一山一水，一木一石，其设想、布局、象形、赋彩，都是清空的、梦幻的世界，与注重写实的西洋画的表现方法有着本质区别。

童心的趣味

丰子恺认为，成年人“在现实的世界、理智的世界、密布因果网的世界里”，过着“几乎要气闷得窒息了”的生活。他把艺术视作“找求一种慰安”，“暂时放下我们的一切压迫与担负，解除我们平日处世的苦心”的途径，认为通过艺术，成年人能够“过真的自己的生活，认识自己的奔放的生命”。

从现实世界进入艺术的世界，需要“绝缘”。所谓“绝缘”，就是隔绝自我与对象的现实关系，“就是不要在原因结果的关系之下观看世界，而当作一所大陈列室或大花园观看世界。这时候我们才看见美丽的艺术的世界了”。艺术的目的就是要在“绝缘”状态下，“造出一个享乐的世界来，在那里可得到 refreshment（精神爽快，神清气爽），以恢复我们的元气，认识我们的生命”。

丰子恺认为，以绝缘的态度看世界，就是“小孩子的态度”。他说：“儿童对于人生自然，另取一种特殊的态度。他们所见、所感、所思，都与我们不同，是人生自然的另一方面。”这态度是什么性质的呢？就是对于人生自然的“绝缘”的看法。

“绝缘”的时候，所看见的是孤立的、纯粹的事物的本体的“相”。我们大人在世间辛苦地生活，打算利害，巧运智谋，已久惯于世间因果的网，久已疏忽了、忘却了事物的“相”。孩子们涉世不深，眼睛明净，故容易看出，容易道破。儿童的态度是天生绝缘地看世界的态度，因此，儿童的态度是天生的艺术的态度。所以说：“绝缘的眼，可以看出事物本身的美，可以发现奇妙的比拟。”一旦被他们提醒，我们自然要被艺术之美所震撼了。

只有从儿童的小世界才可能见出大宇宙的秘密，儿童的言语行为“的确含着有一种很深大的人生的意味”。丰子恺说：认识千古的宇宙与人生的大谜的，便是这个心。得到人生最高法悦的，便是这个心。这是儿童本来具有的心，不必被父母与先生所教化。只要父母与先生不去摧残他而培养他，就够了。

同情的体现

丰子丰恺画漫画时，将同情展示得淋漓尽致。所谓“同情的态度”，丰子恺解释说：“画家把自己的心移入于儿童的天真的姿态中而描写儿童，又同样地把自己的心移入于乞丐的病苦的表情中而描写乞丐。画家的心，必常与所描写的对象相共鸣共感，共悲共喜，共泣共笑，倘不具备这种深广的同情心，而徒事手指的刻划，决不能成为真的画家。即使他能描画，所描的至多仅抵一幅照相”；“故艺术家所见的世界，可说是一视同仁的世界，平等的世界。艺术家的心，对于世间一切事物都给予热忱的同情”。

丰子恺对“艺术同情”的理解，因受到德国心理学、美学家里普斯的“移情论”的影响，认为“同情”就是艺术家将自我情感移入对象，然后在对象中感受到自我情感。因此，丰子恺也格外强调儿童的“艺术本质”。他说：“他们往往能注意大人所不能注意的事，发现大人所不能发现的点。所以儿童的本质是艺术的。换言之，即人类本来是艺术的，本来是富于同情的，只因长大起来受了世智的压迫。而内部仍旧保藏着这点可贵的心，这种人就是艺术家。”

丰子恺的画，既不是传统文人画的缥缈高深，也不是古典或现代西洋油画的浓墨重彩，他仅用墨笔与淡彩，简单地勾勒出人们在日常生活中的百般形千般样：打哈欠、伸懒腰，全可拿来当素材；吃饭了，喝水了，亦是津津乐道的小话题。

描绘了生活里的平常事，讲述了身边之人的故事，深刻的人生道理就藏在这些简单质朴的画面中。读书人能看出其中之深意，不识字的人也看得懂表面上的意思，人人看得懂，人人都能产生共鸣。

·2·

梵高：孕育热情的灵魂

1929年，丰子恺借为梵高立传，并不仅仅是为国民介绍这位伟大的外国画家，更是借此表达了自己的创作志趣，并提出了关于文艺的两个观点：艺术的内在性——艺术是从何而来的，以及艺术的宗教性——艺术是为了什么而去的。这两个观点在一定程度上解答了艺术的成因与旨归问题，并且也反映了丰子恺写《梵高生活》的目的：通过书写梵高，表达自己的心声。

梵高与丰子恺是完全的两种人，无论处世态度、性格特点还是艺术手法都有天差地别。梵高狂热躁动，丰子恺平和恬淡；梵高的画如正午的太阳，照得人头皮发麻；丰子恺的作品则以简约清新为主。在丰子恺1928年写的《西洋美术史》中也有对梵高的评价："生活极放浪……忽然发狂，入疯人院，终于自杀，生涯实甚可悲！作风似其性格,奔放、泼辣、尽是血与热、力的旋涡。"那么，丰子恺究竟欣赏梵高什么呢？

艺术的来源

《梵高生活》的序言里有一段话或许可解释其初衷：“艺术倾向客观的时候,艺术家的人与其作品关系较少。反之，艺术注重主观表现的时候，作品与人就有密切的关系，作品就是其人生的反映了。在作品中，我喜欢神韵的后者,而不喜欢机械的前者；在人中,我也赞仰以艺术为生活的后者，而不赞仰匠人气的前者。”

丰子恺将艺术家分为两种类型：第一类是“纯粹”的艺术家或技术家，“我们鉴赏他的艺术的时候，只要看他的作品，不必晓得他的人格如何与生活如何”；第二类艺术家并非“纯粹”的艺术家或技术家，更是一个“人”，并且其“人”的成分还要厚重些、丰富些，“我们要理解他的作品，先须理解他的性格与生活”。丰子恺将印象派大师莫奈等人归入第一类艺术家之列，将梵高视作第二类艺术家的典范。

尽管丰子恺表示：这两种艺术孰是孰非，孰优孰劣，“不是现在的主要问题”，但我们从他对两者的描述中，还是能够清晰地看出他的好恶，乃至“偏见”来。

丰子恺认为第一类艺术，“只是自然的再现，不是艺术的再现”，是“感觉的数学”和“色彩的游戏”，缺乏热烈的人情味；而梵高的作品从来不是技术的产物，而是热情的硕果，这热情来自灵魂，一如其笔下向阳怒放的葵花那样绚烂浓烈，也同希腊神话中烤熔了伊卡洛斯翅膀使之坠海身亡的烈日那般危险致命。

梵高会在作品中极致地表达主观感受的人，他在给弟弟提奥的信中说：“当我画一个太阳,我希望人们感觉它在以惊人的速度旋转，正在发出骇人的光热巨浪……当我画一棵苹果树，我希望人们能感觉到苹果里面的果汁正把苹果皮撑开，果核中的种子正在为结出果实而努力。当我画一个男人，我就要画出他滔滔的一生。”

丰子恺的作品虽没有如此强烈的情绪，但同样意在传情、绘神，而不将写实作为重点。以丰子恺的《下课》为例，画面上没有学生的身影，只有一只猫蹲在教室的窗台上用爪子晃着打铃绳，可爱的童趣跃然纸上。他另一幅画《不宠无惊过一生》里，两个姑娘胎一个提着篮子，一个担着筐，两人不紧不慢地走去集市做小买卖，几笔简单的线条便勾画出了人生况味。如果说梵高画的是不可抑制、沸腾灼人的激情，那么丰子恺笔下流淌出的则是脉脉温情。

丰子恺并不讳言梵高中后期生涯的踌躇、疯狂与痛苦，但较之那些只把艺术当作对现实模仿或投射的艺术家，“一旦心有所感，形象就会得心应手地产出”，这样的艺术才是自然与“真实”的。丰子恺因此评价梵高的生活“是其作品的说明文”，“他的行为都同他的绘画有深切的关系”，艺术的本源与旨归得到了最完美的融合。

艺术的宗教性

在说到艺术的宗教性方面，则更能体现丰子恺的个人情怀。梵高基督徒的信仰，与丰子恺佛教徒的信仰，看似毫无瓜葛，实则大有契合存焉。梵高的信仰不是教条式的，而是把信仰贯穿于自己的生活，再由生活反映到他的艺术上。他对人的怜悯是真挚的，即使自己的经济并不宽裕但仍愿意帮助比自己更艰难的人。梵高有一幅题名为《悲哀》的作品。画中所表现的，是一个病弱的女子把脸埋在双手之中，俯身伏在膝上哭泣。枯草一般的黑发垂在她缺乏光泽的皮肤上。春满人间，她的脚下已有萌芽的嫩草，旁边还有开花的果树。可她看不见这一切的美好，只是一味地难过。

这画的模特是一位孤苦伶仃的母亲，要独自抚育五个孩子。她每天叩访画家的画室，为他们当模特，以此养活一家六口。一次梵高雇用了她，听她诉说了自己悲惨的往事，梵高虽然自己也很贫困，但依然决意从明天起，由他担负她家六口人的生活费。

梵高对世人的怜悯是自伤和自残的，他将这种怜悯倾注于他在矿工、织工、农人、贩夫走卒等底层社会的传教、说道、治病，最后是在艺术的事业中，其苦恼、激愤与感触都源于这充满苦难的生活。

丰子恺从梵高身上看到的正是佛教中摒弃私我专务利他的“四大皆空”，从梵高身上他看到了自己“汲汲追求”的艺术与宗教的高度一致。丰子恺在另一篇谈恩师李叔同的文章中写道：“艺术的最高点与宗教相接近。二层楼的扶梯的最后顶点就是三层楼，所以弘一法师由艺术升到宗教，是必然的。”

同梵高一样，丰子恺也在人生中戮力践行着艺术即生活、生活即信仰的理念。这也让我们理解了，为何在经历过那么多苦痛之后，丰子恺依然能牢牢坚守“护生”信念。

·3·

在漫画里加点“中国味”

丰子恺的漫画与我们现在所看到的漫画差别很大，他把中国画追求的诗意融入漫画创作，既为中国画增添了一种新形式，又赋予了漫画更丰富的内涵。丰子恺用中国画的笔墨和线条，结合于西方式的构图，创造出了那独特的富有中国味的漫画作品。

传统文化的影响

丰子恺之所以形成这样独特的绘画形式，和他的生活经历与环境息息相关。丰子恺出生于美丽的江南水乡石门湾，这里民间艺术的浓厚气息影响着丰子恺的成长，为他以后的艺术生涯打下了坚实的基础。

木版画的豪放、淳朴，剪纸的纤细、秀丽，都影响着幼时的丰子恺。丰子恺上私塾的时候就喜欢画画了，常用染坊里的颜料为自己的作品染色，并利用休息时间为同学们画画。一次，两个同学为了交换一张画而打起来。塾师查明了原因，便把丰子恺叫到讲桌前，指着那幅画厉声问是不是他画的。丰子恺胆怯地点了点头。接着，塾师又搜查了他的抽屉，查出画谱、颜料及许多没着色的画来。丰子恺心想，这下子可完了，不仅这些“违禁品”会被全部没收，说不定皮肉还要受苦呢！可意外的是，塾师把他的画谱拿了去，坐在椅子上一页一页地欣赏起来。放学的时候，丰子恺夹了书包小心翼翼地走到塾师面前去鞠躬。塾师对他说："这书明天给你。"语调却不再是严厉的了。

第二天早晨，丰子恺来到私塾。塾师翻出画谱中的孔子像，问道："你能看了这样子，画一张放大着色的吗？"丰子恺没有料到塾师也要他画起画来，受宠若惊，支吾着答应了。

回家后，丰子恺在大姐的帮助下，先用方格子放大的办法，按比例描绘出了孔子像的轮廓。接着，又用染坊的颜料为画像着了色。终于，一幅色彩鲜艳的孔子像在私塾堂前挂了起来。从此，学生们每天上学都要向孔子像鞠躬，丰子恺"小画家"的名声也就在全镇传开了。

丰子恺创作漫画时选取的是中国传统的毛笔、墨、颜料，往往寥寥数笔看似漫不经心，气韵却跃然纸上。丰子恺幼年接受中国传统教育，诗歌在他脑海里留下深刻的印象。中国传统的诗词就是他创作的灵感源泉，再配合传统的笔墨线条，正可谓"诗中有画，画中有诗"。

恩师李叔同的影响

1914年，丰子恺考上浙江省第一师范学校。在这所学校里，丰子恺结识了对他的一生产生重大影响的老师李叔同。

李叔同家学渊源，少年时就爱好绘画，早年师从天津书画名家唐静严学习国画，接受了系统的传统技法训练。1898年，李叔同奉母南迁上海，画艺研习不懈。1905年7月，李叔同处理完母亲的丧仪后不久，便离开天津远涉重洋，前往日本留学。第二年秋天，考入东京美术学校，专攻西洋画。作为系统、正规研习西洋绘画的先行者，李叔同在深入了解东西绘画之后，开始产生"我国国画，发达尽早"，可惜"秩序杂沓，教授鲜良法，浅学之士，靡自窥测"的感叹。他深感当时的传统中国画已远落后于西洋绘画，因此当务之急是倡导西洋绘画，于是写下《水彩画法略说》《图画修得法》二文，成为西洋绘画的启蒙先声之作。

李叔同在日本留学前后达六年之久，于1910年正式回国。1912年，上海《太平洋报》创刊，李叔同负责副刊编辑，同时加入南社。没过多久，《太平洋报》停办，李叔同应当时的教育家、艺术家经亨颐之请，到杭州担任图画音乐教员，从此开始了他的艺术教育生涯。传统文化与西方文化在李叔同那里并不矛盾，而且是相互融合、相互补充的，这样的思想对年轻的丰子恺产生了巨大影响。

丰子恺的漫画往往篇幅不大，画面中没有复杂的人或事物，注重表达画面的内涵，取材于生活却高于生活，常常以一句话或几行诗作为画面的中心思想，或记录一个足以说明问题的瞬间。丰子恺将西方平面化的视觉特征和东方以线条为主造型特质有机地结合起来，形成富有中国味的漫画形式，以及独特的艺术魅力。

·4·

猫儿相伴，看流年

丰子恺家常有猫的身影，“两匹小白猫常在我的身边。每缝我架起了脚看报或吃酒的时候，它们爬到我的两只脚上，一高一低，一动一静，别人看见了都要笑。我倒已经习以为常，似觉一坐下来，脚上天生有两只小猫似的”。这些受到溺爱的猫在丰子恺家十分放肆：将墨汁当水喝，将画当零食吃，甚至经常到厨房偷了鱼，三五成群地分赃，肆无忌惮。丰子恺却也无可奈何，甚至叫来夫人为猫“开会”。“开会”的结果是，猫的鱼粮由1000法币提高到3000法币。丰子恺还有张著名的照片：一只猫安然地蹲坐在正在看书的丰子恺头顶上，静静地注视着他手里的书。然而丰子恺称自己并“不喜欢真猫”，只是家里的“女孩子们”喜欢罢了，而自己不过“在画中喜欢画猫而已”，果真如此吗?

丰子恺赞美猫的品性。白象死后，他就这样评价：“我觉得这点猫性，颇可赞美。这有壮士之风，不愿死尸膅下儿女之手中，而情愿战死杀场，马革裹尸。这又有高士风，不愿病死在床上，而情愿遁迹深山，不知所终。”丰子恺不光为猫撰文，在漫画中亦有不少猫的身影。

寻常画面中的点睛之笔

在丰子恺的许多漫画里，都可以看到猫儿们的身影。丰子恺画猫，简简单单的几笔，便能勾勒出猫的雏形，或蹲坐在地，或游走于房顶，或从窗户探出半个身子来，或伸出一只小爪挠起画中人物的脚，或温顺地卧于床沿、膝盖……虽然只是寥寥数笔，但猫的神态却是各有各的不同。不知是因每幅画所反映的意趣不同，还是在丰子恺的心里深处，本来就有很多不同形态的猫，所以才能画出如此丰富有趣的画面。

在《阿咪》一文中，丰子恺描述过一个有趣的场景，并且将此入了画：

有一天，来了一位难得光临的贵客。我正襟危坐，专心应对。“久仰久仰”，“岂敢岂敢”，有似演剧。忽然猫伯伯跳上矮桌来，嗅嗅贵客的衣袖。我觉得太唐突，想赶走它。贵客却抚它的背，极口称赞：“这猫真好！”话头转向了猫，紧张的演剧就变成了和乐的闲谈。后来我把猫伯伯抱开，放在地上，希望它去了，好让我们演完这一幕。岂知过得不久，忽然猫伯伯跳到沙发背后，迅速地爬上贵客的背脊，端端正正地坐在他的后颈上了！这贵客身体魁梧奇伟，背脊颇有些驼，坐着喝茶时，猫伯伯看来是个小山坡，爬上去很不吃力。此时我但见贵客的天官赐福的面孔上方，露出一个威风凛凛的猫头，画出来真好看呢！我以主人口气呵斥猫伯伯的无礼，一面起身捉猫。但贵客摇手阻止，把头低下，使山坡平坦些，让猫伯伯坐得舒服。

丰子恺画面里的猫既可以是主角也可以是别有趣味的点缀，在许多画作中，猫的存在并不是主要的，看似仅是为了构图好看所做的点缀，可稍加琢磨，却又觉得猫的存在似乎暗含着一种极耐人寻味的情趣。

在漫画《月上柳梢头》中，皓月当空，一位女子正抬头赏月，而在她身边的屋顶上则有一只正看着她的猫。这个女人在欣赏月夜时，却不知自己也成为了猫的欣赏对象。

猫性与人性

丰子恺画笔下的猫姿态各异，这种姿态的变化与现实环境又有着紧密的联系。许多时候，从猫的神态与行为，我们可以推测出画里的意境，还有作画者所想表达的现实喻意。从这一角度讲，读者看的不只是猫，而是一幅人生百态。

爱猫之人说得最多的一句话是“猫通人性”。所谓通人性，就是能够理解主人，给主人以眷恋或是精神层面的慰藉。丰子恺画笔下的猫，不仅通人性，似乎又担当起画面动与静的平衡角色，显得格外有趣。在《好友、好酒、好鸟、好音》一画中，两位友人边喝酒、边抽烟、边聊天，不亦乐乎。一只猫安静地端坐在旁边小凳上，默默地注视着眼前的两人，似乎也被人们的话题吸引住了在认真听着。而在《两人相对无言语，尽日唯闻落子声》一画中，两位对弈者表情严肃正在苦思对策，在桌下的那只猫对桌上激烈的棋局毫无兴致，独自摆弄着弈棋者脱在桌下的鞋子，原本安静的画面一下活跃起来，而动静对比也使人物与猫的形象都更令欣赏者印象深刻。

猫与女性，这二者的形象总被联系在一起。擅长深入观察生活的丰子恺自然也会注意到这一特点。在丰子恺为《小说月报》所绘的14幅封面中，有13幅画着重突出了女性与猫这两大要素。其中的女性角色既有摩登女郎，也有一般家庭妇女；既有玩耍的小女孩，也有苦读的女学生……不同身份的女性，其身边的猫毛色、动作与神态也各有差别：摩登女郎的脚下是一只气质优雅的花白大猫；读书女童身后是一只神情格外专注的猫；织毛衣的女人身边蜷缩着一只温顺而又恬静的猫……猫在这些画中的存在，不仅是为了构图之美，更像对不同身份女性的一种衬托。

丰子恺爱猫，不只是因为猫的可爱，也是因为自己的赤子之心。他用艺术家的眼光去观察这个世界，所以笔下万物皆有情。“猫的确能化岑寂为热闹，变枯燥为生趣，转懊恼为欢笑；能助人亲善，教人团结。即使不捕老鼠，也有功于人生。那么我今为猫写照，恐是未可厚非之事吧？”其实无论是猫也好，鸭也好，鹅也好，他似乎掌握了解读动物内心想法的本领，让人不得不钦佩他的童真之心。不知是否巧合，丰子恺敬重的老师李叔同也是个爱猫之人，以至于在东京留学时，还要打个电话回家问问爱猫如何。兴许这师生二人在探讨艺术之余，也聊过猫事呢!

丰子恺在“与猫共处”的温暖时光中，获得了美好的生活体验。在他的作品中，猫不像儿童那样是绝对的主角，却也是不可或缺的配角。它们或蜷缩在墙角、桌面，或伏于人的身上，像是遗世独立的小精灵。丰子恺在《阿咪》中说得好："小时候，老时候，乱世或升平，猫儿相伴看流年。"

·5·
漫画让你变成一个好玩的人

按照我们今天的理解，漫画应当是夸张的、搞笑的、讽刺的，然而丰子恺的漫画流露出的却是清新自然的气息。他的画看似简单，却难以模仿，因为其中的人生哲理与诗意是别人很难发掘出来的。

丰子恺是位伟大的艺术家，而且还是个有趣的艺术家，看了他的作品我们这些欣赏者似乎也能变得有趣甚至好玩起来，因为丰子恺的作品总是那么饱含着人情味。就像丰子恺说过的，"有生即有情，有情即有艺术。故艺术非专科，乃人人所本能；艺术无专家，人人皆生知也"。丰子恺以人为本的情怀和对趣味的追求，不仅体现在他的画作中，更体现在他为人处世的人生哲学里。

小绘画，大情怀

受五四运动的影响，当时的文艺界大力倡导反映人生、关心人民疾苦的现实主义创作。这对丰子恺产生了很大的影响，他呼吁中国画家，"美术是为人生的。人生走到那里，艺术跟到那里。到红尘间来高歌人生的悲欢，使艺术与人生的关系愈加密切”。

丰子恺的画堪称将古诗词的意境与寻常百姓的现实生活完美结合。叶圣陶曾这样评价丰子恺的作品：“丰先生的画，以古诗词为题材，人物打扮是现代人，这是他的创造。”

丰子恺的画常常以一些古诗词作为题目进行创作，虽从古诗词当中得到灵感，但绝不拘泥于诗词所描述的内容。他以古诗词为题进行创作，通常仅从中选取一两句，而且画面与原本的内容也毫无关系，而是将其移植到寻常百姓的现代生活当中。

丰子恺有一幅画名为《杨柳岸，晓风残月》，这句来自柳永所做的词《雨霖铃》：“今宵酒醒何处？杨柳岸，晓风残月。此去经年，应是良辰好景虚设。便纵有千种风情，更与何人说！”这首词明明是以秋景写离别，而丰子恺却独独从中选取了“杨柳岸，晓风残月”一句，表现的则是农民在习习晓风、细细残月下，到水中干活劳作的情景，既有中国传统审美的精神，又见现代生活的情趣。

丰子恺生来就有一双慧眼，总能够敏锐地洞察人性，并在小小的画作中以小见大，显示出大大的哲理。1934年的一天，丰子恺带着大女儿阿宝在上海的南京路上散步。中途路过一家卖家具的大商铺，只见其中有一件木雕是一个站着的黑人，双手向前平举着，手中托起一个小小的盘子，以供人放置香烟、茶杯等小物件。丰子恺当下心生反感，想道：“林肯早已经宣布了《解放黑奴宣言》，黑人早就不是奴隶了，为什么还要造出这么一个木制的黑人来伺候人呢？”当天回到家中，丰子恺就以此为灵感创作了漫画《佣》。后来，有朋友提出要送这种家具给丰子恺，被丰子恺断然拒绝。从这细小之处，就足以窥见丰子恺的博爱之心。

以文艺交友，以真情动人

丰子恺的漫画乍看简单，细看之下却能发现其中的妙处，线条从容洒然，构图协调简约，造型既有趣味又不过分夸张。比如说丰先生的成名作品《人散后，一钩新月天如水》，同样取材于一首古诗词——宋代谢逸的《千秋岁·夏景》中："修竹畔，疏帘里，歌余尘拂扇，舞罢风掀袂。人散后，一钩新月天如水。"当时正值丰子恺在浙江上虞白马湖的春晖中学当老师，他时常与叶圣陶、朱光潜、朱自清等二三好友小聚，一时兴起很容易就耗到深夜。人散以后，稀稀疏疏的月光下，只留下这番意境，正如郑振铎所讲："虽然画上只是几笔舒朗的墨痕，一道卷上的芦帘子，一个放在廊边的小桌，桌上是一把壶，几个杯，天上是一钩新月。然而，我的情思却悠悠地被他带到了一个仙境里去。"

丰子恺之所以能用寥寥数笔就勾画出如此美好的意境，让人浮想联翩，这正是因为他对生活总是怀抱着热情，才能引发人们情感上的共鸣。

丰子恺的朋友遍布天下，且多是患难之交。丰子恺与夏丏尊、李叔同师徒情深，与同为漫画大师的张乐平互为知己，与梅兰芳有着促膝长谈的默契，与广洽法师也有着深厚的情谊……丰子恺的幼女丰一吟回忆，她父亲当年听了梅兰芳的唱片以后，被他的艺术造诣深深打动。1948年清明节后，丰子恺特意携长女阿宝和小女儿一吟前去拜访梅兰芳。当时丰子恺与梅兰芳并不算熟悉，但因为对梅兰芳艺术造诣的欣赏，丰子恺在和梅兰芳的交谈中多次直言不讳地劝他，多灌制唱片，多拍有声电影，尽可能地延长自己的艺术生命。

丰子恺的外孙女杨朝婴说："我外公的朋友都是因他随性而天真的性格而换来的。每次有人跟他求画、要字，随便什么人找上门来拜托他，他都有求必应。对艺术的深刻领悟与浑然天成的洒脱个性都让他结交到了很多朋友。"

·6·

钟情小人物

丰子恺的画作带有传统绘画风采，但又不同于古代文人画的题材，那些高人、隐士是入不了丰子恺的画的。丰子恺的人物漫画大多表现的都是小人物，自己的孩子也好、耳闻目睹的社会事件也好，都带着浓浓的人情味。

家庭带来的灵感

丰子恺的婚姻虽是父母之命的旧式婚姻，但夫妻二人感情很好，家庭生活幸福，这样美好的体验为丰子恺的创作提供了丰富多彩的灵感。

初到上海时，每天丰子恺去上班，到了傍晚妻子徐力民便带着瞻瞻和阿宝去弄堂口等爸爸。那是一个充满期待的过程：

两岁的瞻瞻坐在他母亲的臂上，口里唱着“爸爸还不来，爸爸还不来！”六岁的阿宝拉住了她娘的衣裾，在下面同他和唱。瞻瞻在马路上扰攘往来的人群中认到了带着一叠书和一包食物回家的我，突然地欢呼舞蹈起来，几乎使他母亲的手臂撑不住。阿宝陪着他在下面跳舞，也几乎撕破了她母亲衣裾。他们的母亲呢，笑着喝骂他们。

这小别重逢的家庭之乐让丰子恺颇有感触，“看到一种可喜又可悲的世间相”，于是就入了画。

丰子恺还有一幅著名的作品《瞻瞻新官人，软软新娘子，宝姊姊做媒人》，表现了阿宝、瞻瞻、软软三个孩子扮家家酒时的场景。当时，几个孩子随母亲回故乡的亲戚家参加婚礼，回到上海的家便也有模有样地做起了仪式：

他们派瞻瞻做新官人。亲戚家的新官人曾经来向我借一顶铜盆帽，（注：当时我乡结婚的男子，必须戴一顶铜盆帽，穿长衫马褂，好像是代替清朝时代的红缨帽子外套的。我在上海日常戴用的呢帽，常常被故乡的乡亲借去当作结婚的大礼帽用。）瞻瞻这两岁的小新官人也借我的铜盆帽去戴上了。他们派软软做新娘子。亲戚家的新娘子用红帕子把头蒙住，他们也拿母亲的红包袱把软软的头蒙住了。一个戴着铜盆帽好像苍蝇戴豆壳；一个蒙着红包袱好像猢狲扮地戏；但两人都认真得很，脸孔板板的，跨步缓缓的，活像那亲戚家的结婚式中的人物。宝姊姊说“我做媒人”，拉住了这一对小夫妇并教他们参天拜地，拜好了又送他们到用凳子搭成的“洞房”里。

丰子恺很看重孩子们的天真，艳羡孩子们的世界之广大，而这并非逃避现实。他认为这是人类的本性，假如人类没有这种孩子们的空想的欲望，世间一定不会有建筑、交通、医药机械等种种抵抗自然的建设，恐怕人类到今日还在茹毛饮血呢。丰子恺说：“我时时在儿童生活中获得感兴。玩味这种感兴，描写这种感兴，成了当时我的生活的习惯。”

关注现实

丰子恺的漫画包含着对生活的感触，这些感触来源于他的亲身体验，那些对社会众生的表现全部是他情感的表露，或讽刺、或悲愤、或同情，都是他的真情实感。

丰子恺有一幅漫画《贫女如花只镜知》，画面中一位衣衫破旧的女孩正在照镜子，从周围的环境看，应该是在厨房里干活时偷闲拿起了镜子。这个女孩没有漂亮的衣服，更谈不上妆容和发型，但她依然保有爱美之心。

在作品《二重饥荒》中，丰子恺画了一个衣衫破烂、瑟瑟发抖的穷孩子，这个孩子正坐在学堂的窗下。与此形成对比的是课堂上那些衣食无忧，还能接受教育的孩子。物质与知识的双重饥荒跃然纸上，引人深思，发人深省。

还有一幅作品，表现的是几个孩子围着一个卖水果的小贩嬉闹，然而题目却是《去年的先生》。这种“画中有话”的表现手法既讽刺又不让人觉得过于尖锐，反而更容易触发人们的同情心。

这种漫画式的趣味使丰子恺的漫画受众极广，孩子们看得懂，大人们也能够从中联想到些许感触；不识字的人看得懂，有文化的人更能看出个中深意。

在抗日战争期间，丰子恺对小人物命运的表现格外醒目，激发了国人的抗日热情。例如他曾在抗战期间创作了一幅以母婴为主人公的漫画。画中日军的飞机正在狂轰滥炸，一位被弹片削掉脑袋的母亲却依然哺育着怀中的孩子，此情此景令人唏嘘不已。丰子恺在右边的题词是这样写的：“空袭也，炸弹向谁投，怀里娇儿犹索乳，眼前慈母已无头，血乳相和流。”配合画中的人物，让人怎能不落泪。

丰子恺漫画中的小人物包含着大量的信息与情感，故能引发人们长远的思考。

·7·

酸甜苦辣，社会百相

丰子恺的漫画很注重艺术与生活的结合，擅长刻画不容易被注意到的细枝末节，细读他笔下的社会百相，仿佛置身于真正的红尘之中。

丰子恺漫画的社会相主要分为两部分：一方面是偏向批评，近似于讽刺漫画；另一方面是描写普通人的生活，其中以温馨的生活感受或对某一事情的感悟为主。然而丰子恺晚年并不喜欢自己早年所作的讽刺漫画，他认为讽刺漫画是在批评别人。他所崇尚的艺术精神是友好的、真挚的情感，有诗意、有趣味的内容。这些都与讽刺漫画有冲突。但是丰子恺所画的有批评讽刺性质的漫画，与专门的讽刺漫画比起来实在是批评得很柔和很客气了。

抨击恶岁不平相

丰子恺在《人间相·序》中写道："吾画既非装饰，也非赞美，更不可为娱乐；而皆人间之不可调和相、不喜欢相与不可爱相，独何欤？东坡曰：'恶岁诗人无好诗'。若诗画通似，则窃比吾画于诗可也。"

丰子恺的社会相漫画中有很多都反映了旧社会底层人民的悲惨遭遇与社会生活的不和谐之处。《最后的吻》《屋漏偏遭连天雨》等表现了贫苦百姓的不幸与艰辛，反映社会生活中的不和谐的作品则有《某父子》《教育》等。

《最后的吻》是一幅非常震撼人心的作品。画面中衣衫破烂、身形枯瘦的母亲怀抱着婴儿，走向“接婴处”接收婴儿的抽屉。虽然我们看不到母亲的脸，但通过画面上的题字“最后的吻”点题，欣赏者仿佛真的看到了母亲眼中的泪水，能感受到这位母亲是何等的心酸。而更令人难过的是，在画面右下角还有一只正在哺育小狗的狗妈妈，大狗卧在地上，转过头用温柔的目光看着自己的孩子们。大狗与母亲、小狗与婴儿的巧妙对比表现了母子分离之痛。

育婴堂的条件通常都不怎么好，很多孩子会夭折，勉强养大的，也多半营养不良。这些被遗弃的孩子如果小时候没人领养，再大一些就更难进入家庭了，即使长大了也很难有好的出路，因此只有真的没有办法的人才会把孩子送来育婴堂。连动物都晓得母子情深，何况人呢？可在贫困人家的婴孩竟然还不如小狗幸福。

这场面实在让人痛心，丰子恺对这对母子的遭遇也赋予了无限的同情。一位女读者看到这幅画后，给丰子恺写信，让他赔自己的眼泪。

曾有读者寄给丰子恺一封信，希望丰子恺能将自己所见画成漫画：先把一条长凳放在地上，再拿一条长凳横跨在上面，两个小孩坐在长凳的两端，这就是穷孩子的跷跷板。

丰子恺看了信很有感触，很快画出了作品，又以一篇文章写下了所思所想，“两个穷小孩凭了他们的小心的智巧，利用了这现成的材料，造成了这具体而微的运动具。在贫民窟的环境中，这可说是一种十分优异的游戏设备了。我想象这两个穷小孩各据板凳的一端而一高一低地交互上下的时候，脸上一定充满了欢笑。因为他们是无知的幼儿，不曾梦见世间各处运动场里专为儿童置办的种种优良的幸福的设备，对于这简陋的游戏已是十分满足了。这种游戏的简陋和这两个小孩的穷苦，只有我们旁人感到，他们自己是不知道的。”

漫画中的人文关怀

丰子恺不愿过多的描绘社会的残酷和悲惨，他更喜爱的是生活中可爱的细节，如《都会之春》《初步》《晚归》等都属于此类作品。

这些来源于社会生活和温馨家庭生活的作品，更能反映出丰子恺含蓄隽永、温馨真实的审美追求。以作品《初步》为例，这个作品有几个版本：有一幅表现的是母亲搀扶着学步的孩子，迈出了人生的第一步，画面中的母亲和孩子都是正面；另一幅是彩色的，母亲扶着学步的孩子向画面右侧的父亲走去，父亲向孩子张开双手好像在鼓励和召唤着学步的孩子。第一张画面简单，但联想的空间大，能把欣赏者的思想引向母子情深和人生初步的深刻寓意。而第二张画，则突出表现了家庭生活的欢乐，不仅画出了孩子蹒跚学步的可爱，也表现了画面中年轻父母“初为人母”“初为人父”的喜悦心情。

丰子恺的社会相漫画既有幸福美满的家庭生活，也有社会上悲惨、可憎的阴暗面。丰子恺说，“佛菩萨说法，有‘显正’和‘斥妄’两途”，即引导别人的时候有两种方法：一是显示正确的给人看，二是用批评和批判的手法让人们看到残酷和丑恶的一面。国学大师马一浮是丰子恺十分敬重的前辈，他在看了丰子恺的画集《人间相》后，建议他还是要多表现美的一面，从佛学感化角度普渡众生。然而，无论从哪种表现角度，我们都能感受到“子恺漫画”中浓浓的人情味。

·8·

从人生转向自然

丰子恺在漫画中描绘的自然，有人这样评价："他所见的自然，像他的人，没有狂暴，激昂，都是稳静，和平。他的水都是静流，没有激湍。他的舟都是顺风滑走的，没有饱帆破浪的。他的树木都是疏叶的，或木叶尽脱的冬枯树，没有郁郁苍苍的大木，也没有巨干高枝的老木。他的画中没有堂堂的楼阁，只有田园的茅屋，又不是可以居人的茅屋，而是屋自己独立的存在，不必有窗，也不必有门，即有窗门，也必是锁闭着的。这等茅屋实在是与木石同类的一种自然。他的画中的点景人物，也当作一种自然，不当作有意识的人，不必有目，不必有鼻，或竟不必有颜貌与别的自然物同样地描出。总之，他的画的世界就是他的诗的世界。"

恶岁更需出好语

丰子恺的儿童漫画一经发表便取得了巨大的成功，读者被他笔下的可爱孩童深深倾倒。但在20世纪30年代，丰子恺或许开始感到这种漫画有点远离现实，不利于改造社会，于是他的画笔开始更多地描绘成人世界。

虽然丰子恺最终皈依佛门，且一直怀抱着陶渊明式的田园隐逸理想，但他又并非彻底的出世者。他接受过新式学堂的教育，经历过新文化运动的洗礼，受过西方文艺思潮的影响，是肩负有"天下兴亡，匹夫有责"的人格传统的新一代知识分子。

特别是在抗日战争期间，他与家人被日军的突然空袭赶出了安乐窝——“缘缘堂”，耳闻目睹了太多人间的悲欢离合，一次次的日机轰炸，一次次的举家逃难，各种同胞受难的景象刺激着他的心灵，令他的艺术更具现实主义风格和大众化倾向。

他始终热切地关注着现实社会，以细腻的感情体味着人生的喜怒哀乐。这里面既有人间烟火的平淡幸福，也有社会上种种的苦痛相、悲惨相、丑恶相、残酷相。

但最终，丰子恺在审美上抵触过于“触目惊心”的作品。他最后进行的反省是，所谓“斥妄”之道其实不宜多用，多用会让人感觉麻木，反而失效。“艺术毕竟是美的，人生毕竟是崇高的，自然毕竟是伟大的。这些辛酸凄楚的作品，其实不是正常艺术，而是临时的权变。古人说：‘恶岁诗人无好语。’我现在正是恶岁画家；但我的眼也应该从恶岁转入永劫，不妨从人生转向自然，寻求更深刻的画材。”

对万物的怜惜与慈悲

丰子恺曾说：“我们平常生活的心，与艺术生活的心，其最大的异点，在于物我关系上。平常生活中，视外物与我是对峙的。艺术生活中，视外物与我是一体的……艺术心理中有一种叫作‘感情移入’。在中国画论中，即所谓‘迁想妙得’。”艺术家在艺术创作时，将自己的心移入对象中，视对象为自己同样的人，那么，山川、草木皆有感情，皆有生命。

中国传统的儒家文化，向来讲究“仁爱”。孔子说：“用鱼竿钓鱼，但不用大绳拉网捕鱼；射鸟但不射归巢歇宿的鸟。”这实际上就是“仁爱”思想的自然延伸，即由关爱他人延伸到关爱自己以外的所有生灵。此外，孔子还提出过以山水为内容的名言“知者乐水，仁者乐山”可以看作是对“仁爱”思想的一种实践。这种“乐山”“乐水”的情怀不正是将“仁爱”之心由人推及自然万物吗？把自然界的山水和仁智这种道德联系起来，从对人的尊重扩展为对宇宙万物的尊重，从而协调人与自然的关系。

“子恺漫画”中有许多以自然事物为意象的漫画，实际上都寄托了丰子恺自己的情思，表明自己的感悟和思考以及对自然的由衷赞美。丰子恺热爱自然就如同热爱儿童一样，都是发自肺腑的。他喜欢从自然中吸取灵感，所以一枝枯木、一朵小花、一株小草、一块怪石，即便没有什么实用价值，但在他的眼里却都是很好的素材。寥寥几笔勾勒出几个普通的自然意象，就把我们的心带到了一个如水的境地。作家谢冰莹在《悼念丰子恺先生》一文中说到：“他生性爱孩子和自然风景，爱一切生物，他说，‘孩子是纯洁的，自然是伟大的，人的生死是轮回因果的，我们绝不能伤害生物，谁知道自己的下一世会变成什么呢’？”

“风景画本不属于漫画范围，也不是我的笔所能完成的。我是以漫画笔调画山水。真正的山水画家、老前辈要笑我的。我就别具一格吧。”这番话是丰子恺先生在创作风景画时，对经常陪伴他的二女儿说的。“自具一格”，正是丰子恺风景画的特色，那其中的情感远比技法更动人。

·9·

人文关怀，意蕴悠长

“中华民国二十六年十一月下旬。当此际，沪杭铁路一带，千百年来素称为繁华富庶，文雅风流的江南佳丽之地，充满了硫磺气、炸药气、厉气和杀气，书卷气与艺术香早已隐去。”抗日战争的爆发改变了丰子恺的生活，让他看到了人性最为残忍的一面，由此而思考艺术存在的意义。在那生命如草芥的年代，丰子恺甚至一度否定艺术本身。

急难之中亦不能没有礼乐

1930年母亲逝世，丰子恺的无常感顿生，受了马一浮先生“无常便是常”的点拨后，思想上才豁然开朗。此时在战乱中再见马一浮先生，又受到了他的开导。“只是有一天，他对我谈艺术。我听了之后，似乎看见托尔斯泰、卢那卡尔斯基等一齐退避三舍。”丰子恺在《桐庐负暄》一文中描述，自己在聆听马一浮先生“天下虽干戈，吾心仍礼乐”的教诲之后，羞愧于自己的不满于世俗，礼乐之心重生。

1938年4月，他在《立报》上发表了《粥饭与药石》一文，主张文艺要服务于抗战的需要。在文中，他把中华民族受日寇的侵略而遭遇的困难，比喻成一个健全的身体受病菌侵害而患大病。而“一切救亡工作就好比是剧药，针灸，和刀圭，文艺当然也如此”。《谈抗战艺术》一文则明确指出，抗战艺术是“宣传艺术的一种，宣传力越广大的，抗战艺术越良好”。并引证托尔斯泰的《艺术论》，说明抗战艺术贵乎浅显易懂，浅显易懂的作品中不乏良好艺术。我们的抗战艺术，务求广受民众的理解。欲广受理解，内容非仁爱不可，外形非浅显不可。

以笔代枪作抗战宣传，不仅限于文学，漫画也引起了丰子恺的注意。他在《漫画是笔杆抗战先锋》一文中表示，漫画是宣传抗战的有力武器。这是由漫画的两个特点决定的。第一，看漫画一望而知，不花时间，在繁忙的非常时期，这种宣传方法是最有效的；第二，漫画是一种不须学习的文字，文盲也看得懂，所以其宣传力最广。因此漫画“在目前是最有力、最普遍的宣传工具”。

爱护生命

1927年丰子恺皈依佛门后，开始与已成为弘一法师的李叔同合作其一生中最重要的作品——《护生画集》。弘一法师写字，丰子恺画画。“护生”即爱护生灵不杀生，有佛教劝世寓意。

《护生画集》初集出版于1929年，时值弘一法师五十寿辰，作画50幅，谨以此恭祝。抗战期间，弘一法师六十大寿将至，丰子恺又画了60幅画寄到泉州。前两集《护生画集》当时在佛教界已经引起极大关注，广泛刊印，甚至还有英译本外销。虽然广受好评，但也不是人人都欣赏，尤其是在那个国家危亡时局动荡的年代。

作家柔石就曾猛烈地批评过丰子恺躲在象牙塔中吟唱艺术。丰子恺在汉口时，得知作为战地记者的老同学曹聚仁说，“《护生画集》可以烧毁了”“十分荒唐”，抗战要鼓励杀敌，你却主张护生慈悲，岂不变成了不抵抗？

一向温和的丰子恺听了这样的评论后感到很反感，最后与浙江第一师范学校的老同学绝交了。他解释画集的意义：“护生即是护心，顽童一脚踩死数百蚂蚁，我劝他不要。并非爱惜蚂蚁，或者想供养蚂蚁，只恐这一点残忍心扩而充之，将来会变成侵略者，用飞机载了重磅炸弹去虐杀无辜的平民。”他还说，提倡护生并不意味着不抵抗，恰恰相反，正因爱同胞、爱家国，才更要奋起抵抗。我们抗战，是为人道、正义、和平而战，所以是以杀止杀，以仁克暴。

到《护生画集》第三集出版的时候，丰子恺又写了一篇自序。在这篇文章里，丰子恺再次讲述了自己对“护生护心”的理解：

护生是护自己的心，并不是护动植物的。再详言之，残杀动植物这种举动，足以养成人的残忍心，而把这残忍心移用于同类的人。故护生实在是为人生，不是为动植物。普劝世间读此书者，切勿拘泥字面。倘拘泥字面，而欲保护一切动植物，那么，你开水不得喝，饭也不得吃。因为用放大镜看，一滴水中有无数微生虫和细菌。你烧开水烧饭时都把它们煮杀了！

· 10 ·

美术：视觉的食粮

1935年，《中学生》杂志上刊登了一篇丰子恺的文章，在这篇文章里他为读者讲述了自己对美术的一些心得体会，在这里他将美术比喻为视觉的粮食。“世间一切美术的建设与企图，无非为了追求视觉的慰藉。视觉的需要慰藉，同口的需要食物一样，故美术可说是视觉的粮食。人类得到了饱食暖衣，物质的感觉满足以后，自然会进而追求精神的感觉——视觉——的快适。故从文化上看，人类不妨说是‘饱暖思美术’的动物。”

爱美之心从小培养

爱美是人的天性，丰子恺对美术的热爱也是从童年起萌芽的，他说：“我个人的美术研究的动机，逃不出这公例。也是为了追求视觉的粮食。”当时丰子恺还是一个黄金时代的儿童，只知道人应该饱食暖衣，并不曾想到衣食的来源。他在母亲的保护之下获得了饱食暖衣之后，每天所企求的就是“看”。无论什么，只要是新奇的、好看的，都要看。“美术研究的动机的萌芽，在这时光最宜于发生。”

儿时的丰子恺特别爱印泥菩萨的模型，这是教儿童自己用黏土在模型里印塑人物像的。每当有卖模型的小贩来到镇子上，丰子恺便一定要将自已没有的全买回来：

我曾记得，这种红沙泥模型只要两文钱一个。有弥勒佛像，有观世音像，有关帝像，有文昌像，还有孙行者，猪八戒，蚌壳精，白蛇精各像，还有猫，狗，马，象，宝塔，牌坊……等种种模型。我向母亲讨得一个铜板，可以选办五种模型，和一大块黄泥（这是随型附送，不取分文的），拿回家来制作许多的小雕塑。明天再讨一个铜板，又可以添办五种模型。积了几天，我已把江北人担子所有的模型都买来，而我的案头就像罗汉堂一般陈列着种种的造像了。我记得，这只江北船离了我们的石门湾之后，不久又开来了一只船，这船里也挑上一担红沙泥模型来，我得知了这个消息之后，立刻去探找，果然被我找到，而且在这担子上发见了许多与前者不同的新模型。我的欢喜不可名状！恐怕被人买光，立刻筹集巨款，把所有的新模型买了回来。又热心地从事塑造。

泥像做好了，丰子恺又觉得单调起来。他从家中的染坊作场里讨来些洋红、洋绿，调入铅粉中，为各个泥像涂上了颜色。这种游戏让丰子恺非常上瘾，但买来的模型终究有限，于是他决定自制：

我先用黏土做模型，自己用小刀雕刻阴文的物象，晒干，另用湿黏上塑印。然而这尝试是失败的：那黏土制的模型易裂，易粘，雕的又不高明，印出来的全不足观。失败真是成功之母！有一天，计上心来；我用洋蜡烛油作模型，又细致，又坚韧，又滑润，又易于奏刀。材料虽然太费一点，但是刻坏了可以熔去再刻，并不损失材料。刻成了一种物象，印出了几个，就可把这模型熔去，另刻别的物象。这样，我只要牺牲半支洋蜡烛，便可无穷地创作我的浮雕，谁说这是太费呢。

那时候丰子恺正在私塾读书，他心爱的雕刻艺术在私塾里是严禁的，只能课余回家创作，因过于痴迷甚至荒废了《孟子》的学习，为此吃了先生的警告和母亲的责备。丰子恺回忆起那段往事时说："终于不得不疏远这种美术而回到我的《孟子》里。现在回想，我当时何以在许多玩具中特别爱好这种塑造呢？其中大有道理：这种玩具，最富于美术意味，最合于儿童心理，我认为是着实应该提倡的。"

长大成人后的丰子恺还时常留意玩具店的橱窗，虽然新式的玩具多了，样子漂亮也精致，可他总觉得缺少艺术之美，再想起旧日那种红沙泥模型的绝迹，不觉深为惋惜。后来终于在上海的日本玩具店里看见过同类的玩具：一只纸匣内，装着六个白瓷制的小模型，有人像、动物像、器物型，三块有色彩的油灰和两把塑造用的竹刀。丰子恺不由得感叹说："这是以我小时所爱好的红沙泥模型为原则而改良精制的。我对它着实有些儿憧憬！它曾经是我幼时所热烈追求的对象，它曾经供给我的视觉以充分的粮食，它是我的美术研究的最初的启发者。想不到在二十余年之后，它会在外国人的地方穿了改良的新装而与我重见的！"

美术是人生的"乐园"，儿童是人生的"黄金时代"。然而出了"黄金时代"，美术的乐园就会减色。

丰子恺幼时酷好描画，最初他热心于拓印《芥子园人物谱》；上小学后接触到了商务印书馆出版的《铅笔画临本》《水彩画临本》，就开始临摹；后来进入中学，方知道学画要看着实物来描绘，就开始写生；再后来接触到西洋画，知道了西洋画专门学校的研究方法，又觉得前此都等于儿戏，欲追求更多的视觉的粮食，非从事专门的美术研究不可。从练习石膏模型木炭写生开始，在初学时尝到的那一点成就感的甜头就消磨殆尽了，简直成了一种坚苦的工作。

经过学习才能懂得欣赏

当时的画坛，有不少反对以石膏模型写生当作绘画基本练习的人。西洋的新派画家，视此道为陈腐的旧法，中国写意派画家或非画家，也鄙视此道，以为这是画家所不屑做的机械工作。丰子恺对此表示反对，他说：“我觉得他们未免胆子太大，把画道看得太小了。”丰子恺始终坚持，“肖似”是绘画最起码的条件，就像人最起码要有衣食一样。谋衣食固然不及讲学问道德一般清高，然而衣食不足，学问道德又从何而来？学画也是如此，单求肖似固然不及讲笔法气韵高明。然而连肖似的基础都没有，笔法气韵又怎么表现？

从事石膏模型写生之后，丰子恺吃了不少的苦。因为石膏模型都是人的裸体像，而人体是世界上最难画的东西。维纳斯、拉奥孔、荷马的像都画失败了，丰子恺放下木炭条，靠在椅背上休息。这样的勤学苦练似乎与慰藉相去太远，但正是舍弃了小慰藉而从事奋斗，希望由此获得更大的慰藉。经过了与石膏模型的长期奋斗之后，丰子恺发现自己对形、线、调、色都更加敏感了，也因此获得了更多的视觉食粮。

例如名画，以前看了莫名其妙的，现在懂得了一些好处。又如优良的雕刻，古代的佛像，以前未能相信先辈们的赞美的，现在自己也不期地对他们赞美起来。又如古风的名建筑、洋风的名建筑，以前只知道它们的工程浩大，现在渐渐能够体贴建筑家的苦心，知道这些确是地上的伟大而美丽的建设了。又如以前临《张猛龙碑》《龙门二十品》《魏齐造像》，只是盲从先辈的指导，自己非但没有理解这些字的好处，有时却在心中窃怪，写字为什么要拿这种参差不整，残缺不全的古碑为模范？但现在却渐渐发觉这等字的笔致与结构的可爱了。不但对于各种美术如此，在日常生活上，也改变了看法，以前看见描着工细的金碧花纹的瓷器，总以为是可贵的，现在觉得大多数恶俗不足观，反不如本色的或简图案的瓷器来得悦目；以前看见华丽的衣服总以为是可贵的，现在觉得大多数恶劣不堪，反不如无花纹的，或纯白纯黑的来得悦目。以前也欢喜供一个盆景，养两个金鱼，现在觉得这些小玩意的美感太弱，与其赏盆景与金鱼，不如跑到田野中去一视伟大的自然美。丰子恺把以前收藏着的香烟里的画片两大匣如数送给了邻家的儿童。

“饱暖思美术”，而当时社会民生凋敝，百姓连暖饱都无法保障，何谈教养呢。于是丰子恺又说：“视觉饥荒起来的时候，我唯有走出野外，向伟大的自然美中去找求粮食。然而这种粮食也不常吃。因为它们滋味太过清淡，犹如琼浆仙露，缺乏我们凡人所需要的‘人间烟火气’。在人类社会的环境不能供给我以视觉的食粮以前，我大约只能拿这些苟安的、空想的、清淡的形相来聊以充饥了。”

· 11 ·

是童画，亦是童话

“儿童”的意象作为重要隐喻及象征，自古就渗透到我国民众日常生活的方方面面。它不但广泛地出现在生活的方方面面，更是中国传统绘画作品中重要的题材来源之一。它的存在时间之久，传播范围之广，并在不同的历史时期显现出不同的时代特征。

丰子恺的漫画中有许多儿童的形象，通过不同的儿童形象表达了儿童的心声。丰子恺在描绘儿童图像时常以寥寥数笔的线条速写出现实中的孩童百态。游戏中的儿童是快乐，衣食无着的儿童是渴望温饱的。儿童的形象既可用来直接表现生活百态，又可用作象征。幸福安定的生活中，儿童形象可令作品更为生动；困苦不堪的境地，借儿童之口、之形来暗示则更显沉痛。儿童正是蕴含了这双重意义——它可以是一个关乎现实的形象，同时又可以是意味深长的象征，这使得《子恺漫画》中的儿童形象更加耐人寻味。

以儿童的视角看事物

丰子恺的画中有很大一部分是表现儿童和学生的，他对儿童生活和学生生活呈现与传统文人画有很大差异。他的创作是现实主义的，更是童真的、无功利的。丰子恺共有七个子女，他亲近、热爱自己的儿女们，他的儿童题材就多取自身边的这群孩子。丰子恺从事教育多年，大半个人生都在学校度过与学生相伴，因此学生题材自然也是从身边信手拈来。

作为丰子恺儿童漫画的代表作之一《软软新娘子，瞻瞻新官人，宝姐姐做媒人》，创作于孩子们参加完一个婚礼后。回到家，他的三个孩子用家中的道具模仿婚礼上的场景玩起游戏来，儿童的天真无邪尽显。

漫画《爸爸不在的时候》，是根据丰子恺的儿时记忆创作而成。这一幅作品描绘的是他幼时趁爸爸不在家，偷偷摆弄笔墨模仿爸爸平时样子的场景。画中的孩子有模有样地拿着笔，认真地做出写字的样子，展现出儿童对未知世界的渴望和对周围一切事物的好奇。

丰子恺向来擅长以小见大，他和平年代的创作带给欣赏者的是童真的美好，在硝烟弥漫的战争年代他笔下的儿童则变成了另外一番模样。

漫画背后的现实创伤

1937年，丰子恺一家扶老携幼地匆促出逃，一路上所见、所闻、所感给他带来极大的刺激，他关心自己的子女，亦关怀全天下的儿童，于是一系列以儿童作为主人公的气氛悲壮、惨烈的漫画诞生了。当丰子恺在战时将“儿童”这一形象被作为透视现实的角度时，有力地控诉了侵略者的残暴，也表达了自己的坚定立场，更激发了国人的抗日热情。

丰子恺战时作品中不乏惨痛之作，如《轰炸——广州所见》表现了母亲背着孩子狂奔，却不知孩子已在刚刚被弹片削去头颅；而《轰炸——嘉兴所见》则体现了一位母亲至死都保持着怀抱婴儿喂奶的姿势。这两幅画都表现了婴儿与母亲在瞬间的生离死别，尤其是后者更为惨烈。每个欣赏者看到这幅画都不禁要为孩子担心，一个婴儿没有了母亲的哺育与保护，他还能活多久？有没有人能帮助他呢？在另一幅名为《小主人的腿》的作品中，丰子恺并没表现“小主人”，只在画面内设置了三个形象：即小主人的腿、曾作为小主人宠物如今却衔着小主人腿的狗和三颗正在斜落的炸弹。三颗正在落下的炸弹增加了画面的紧张感，而小狗口中的断腿正在流血则令画面更加恐怖。

正如我们在前文所说，丰子恺并不喜欢表现负面的内容，所以此类赤裸裸地表现血腥惨状的作品极少。在战争面前，成年人能够扛起枪上前线杀敌，也可以像丰子恺这样以笔代枪在文艺的阵地上奋勇杀敌。儿童也在经历着战争带来的伤痛，但他们所能做的很少，但带给世人的感受却很多。

儿童的治愈感

1940年，丰子恺发表了漫画《看谁放得高》，画面中的两个孩子正在放气球，一个气球上写着“胜利”，另一个写着“和平”，这是儿童的心愿也是普天之下所有人的心愿。痛苦与希望是相伴的。成人在面对战火连连、死伤不断的现实时，难免会有愤怒与哀伤涌上心头，但孩子们在经历残酷现实的同时仍能放气球以示心愿，这是丰子恺借孩子在悲痛中对希望的追求，表达自己的心愿。

在满是伤痕的现实中，还有什么形象会比儿童更能象征和代表希望？这正是丰子恺笔下“儿童”的象征意义。丰子恺笔下的儿童除了表达战争的恶之外，更有治愈战争创伤的作用。用儿童来抚慰伤者的心灵让其感受希望，这比单纯的表现残暴更易打动人心。

战争的创伤固然疼痛，无辜如孩子也不可幸免，但他们并不会因伤口无法弥合而绝望，或许都应该像孩子般豁达些，毕竟人只要活着，未来就依然有希望。

丰子恺在《我的漫画》一文中曾提到：“有一天到友人家里，看见案上供着一个炮弹壳，壳内插着红莲花，归来又作了一幅‘炮弹作花瓶，世界永和平’。”这种化暴戾为祥和的作品，才是丰子恺自己最欣赏的。

NO.6

所谓艺术家，假手于“神”而造美

——丰子恺谈艺术人生

丰子恺的一生，就是他手中的笔。艺术与人生是紧密相连、不可分割的，所以丰子恺一直强调：“有生即有情，有情即有艺术。故艺术非专科，乃人人所本能；艺术无专家，人人皆生知也。”抱着“事事皆可成艺术”的主张，丰子恺践行艺术化的人生，亦或者，他已经把人生艺术化了。

·1·

竹久梦二：春天在到来的路上

丰子恺一生中在绘画、文学、音乐、翻译、书法等诸多艺术领域多有建树，是位全能的艺术家。丰子恺漫画艺术达到的境界尤其高，善于在寥寥数笔间描绘生动有趣的意象，从而使读者回味无穷。泰戈尔曾评价说："丰子恺的漫画是诗与画的结合，也是一种创造"，并认为"高度艺术所表现的境地，就是这样"。朱自清在《子恺漫画》代序中说："丰子恺描写那富有和平愉悦诗意的漫画诗时，不免要搀上了胡椒末；在你的小小画幅里，便有了人生的鞭痕。"俞平伯也认为，借西洋画的笔调写中国诗境的，丰子恺是第一人。

丰子恺的漫画自成一派，寓繁于简，别有情趣。丰子恺漫画风格的形成，与日本漫画家竹久梦二有很大关系，他对丰子恺漫画艺术的起到了重大影响，是丰子恺漫画艺术成就的重要阶梯。

丰子恺对漫画的创作兴趣缘于竹久梦二

丰子恺曾在《我的漫画》一文中写道："我小时候，《太平洋报》上发表了陈师曾的小幅简笔画《落日放船好》等，寥寥数笔，余趣无穷，给我很深的印象。"丰子恺很喜欢陈师曾的作品，曾对他的简笔画加以临摹。然而，真正引领丰子恺走进漫画世界的人，却是竹久梦二。

1921年春，丰子恺靠着东拼西凑的学费东渡日本，只维持了不到一年就金尽归国了，虽然时间很短但对丰子恺一生都有着巨大影响。当时的日本，正处于文化思想非常活跃的大正时期，丰子恺发愤苦学，短时间内很快掌握了日语、英语，还花费了大量时间研习小提琴的演奏，到处参观画展、访图书馆。游学期间，他迷恋上日本漫画家竹久梦二的简笔画。他曾如此说："回想过去所见的绘画，给我印象最深而使我不能忘怀的，是一种小小的毛笔画。记得二十余岁时，我在东京的旧书摊上碰到一册《梦二画集·春之卷》，我当时便在旧书摊上出神……这寥寥数笔的一幅小画，不仅以造型的美感动我的眼，又以诗的意味感动我的心……"

竹久梦二是日本冈山县邑久郡人，早年从早稻田实业学校毕业后，自学漫画，成了日本著名的漫画家。在竹久梦二以前，漫画作品的风格是以诙谐、滑稽为主，脱离社会现实。竹久梦二则摈弃了此种趣味，而专门表现严肃的人生主题，引发欣赏者的思考。用丰子恺的话来说，"故他的画实在不能概称为漫画，真可称为'无声之诗'呢。"丰子恺甚至说："日本竹久梦二的抒情小品使人胸襟为之一畅，仿佛苦热中的一杯冷咖啡。"

竹久梦二以后期的"美人画"闻名，丰子恺却偏爱他早期用毛笔勾勒的趣味深长的简笔画。"竹久梦二的画，其构图是西洋的，其画趣是东洋的。其形体是西洋的，其笔法是东洋的。他还有一点更大的特色，是画中诗趣的丰富。"竹久梦二画风的简练留白、画题的巧妙点睛等特点，都对丰子恺日后的漫画创作大有启发。

相似的艺术观使丰子恺深深喜欢上了竹久梦二的作品，回国后，丰子恺在浙江上虞白马湖畔春晖中学任教时，开始尝试这种简笔画的创作。从丰子恺大量的漫画创作中，我们可以看到，人生和社会题材是丰子恺最常表现的对象。朱光潜在《缅怀丰子恺老友》一文中，评价丰子恺善于“从纷纭世态中挑出人所熟知而却不注意的一鳞一爪”来加以点染，“他的这种画风可以说是现实主义和浪漫主义的妥贴结合”，认为“他的画风就是他的人品的表现”。

丰子恺与竹久梦二的比较

丰子恺许多漫画的题材都受到竹久梦二直接的影响和启发，但丰子恺的画比竹久梦二更含蓄，趣味更强。竹久梦二曾经画过一个死去的士兵身旁开着一丛野花；丰子恺也画过同样的题材，但只画一顶军帽在铁蒺藜旁。丰子恺漫画标题常起到画龙点睛的作用，这也在一定程度上也是受到竹久梦二的启发。

丰子恺在《绘画与文学》一文里谈及竹久梦二的作品时说：“这种画的画题非常重要，画的效果大半有了画题而发生。”他还说：“画题用得巧妙，看了也胜如读一篇小品文。梦二先生正是题画的圣手……他的画善用对比的题材，使之互相衬托。加上一个巧妙的题目，犹如画龙点睛，全体生动起来。”“故看这种画的人.不仅用感觉欣赏其形式的美；看了画题，又可用思想欣赏其意义的美，觉得滋味更加复杂。”

曾有人说“丰子恺画画不要脸”，因为丰子恺画人物通常是没有五官的，这一特点也与竹久梦二大有关系。竹久梦二的简笔画，人物多不画眼睛，丰子恺认为这正合中国“意到笔不到”的绘画美学原则，于是便全部接纳了，甚至有时竟连耳朵、鼻子也不画。

丰子恺认为：“作画意在笔先。只要意到，笔不妨不到，非但不妨不到，有时笔到了反而累赘。”丰子恺有一幅表现“音乐课”的画，画中一个个乡村学校的孩子们大张着嘴巴非常认真地努力唱歌着，虽然没有画出眼睛，但读者不难想象出每个孩子充满着天真与快乐的眼神。这种适当的留白，给了读者更丰富的想象余地。

丰子恺有着传统文化的深厚功底以及艺术领域的全面修养，这使丰子恺非但没有沦为低劣的简单模仿，反而超越了竹久梦二在这方面的理解，形成了自己独特的漫画艺术风格。泰戈尔高度评价丰子恺的这一艺术特色：“丰子恺的这种画就是用寥寥的几笔，写出人物的个性。脸上没有眼睛，我们可以看出他在看什么；没有耳朵，可以看出他在听什么，高度艺术表现的境地，就是这样。”

·2·
乡愁与艺术的水乳交融

丰子恺画过一幅表现客行的作品，一个孤独的人骑马走在宁静的路上，我们似乎从他那没有五官的脸上看到了对故土的不舍。他还写过一篇题为《乡愁与艺术》的文章，介绍了与乡愁有关的艺术家与创作。丰子恺说“乡愁是一种自然而美丽的心境”，他对家乡有着深厚的情感，家乡为他的艺术创作提供了许许多多的灵感与素材。即使在大破“封资修”，一切都要“革命化”的年代，丰子恺依然冒险写了许多关于传统民俗的东西，这与当时的官方意识形态是背道而驰的，因为不论何时他都难忘故乡的美好。

过年之趣

中国人最注重的传统节日就是过年，丰子恺这样一个充满童心的人自然对过年更有感情，“一年一度，这样的戏剧性狂欢，在人生实在是很需要的。好比一支乐曲，有了节奏，有了变化，趣味丰富得多。”

过年时最开心的要算儿童了，丰子恺回忆儿时和伙伴们嬉戏的情景时说：

我家是开染坊店的。一年四季，早上拔开店板，晚上装上店板；白天主顾来往，晚上店员睡觉，不容我们儿童去打扰的。只有到了元旦，店板白天也不开，只在中间拔去一块板，使天光照进店堂，店堂就变了儿童和大人们的游戏场了。店员个个空闲，吃饱了饭，和我们儿童一起游戏，打年锣鼓，掷骰子，推牌九，踢毽子，放炮竹，捉迷藏……邻家的人，亲戚家的人，大大小小，都可参加，来者不拒。从这天起，人与人之间的关系似乎另换了一套：一向板脸的管账先生，如今也把嘴巴拉开，来同我们掷骰子了。一向拒绝小孩子到店堂里来的伙计，如今也卷起袖子，来帮我们放爆竹了。甚至一向要骂小孩子的隔壁的老爹爹，也露出了两三颗牙齿，来和我们打锣鼓了。这样的狂欢，一直延续半个月。

在过年的半个月里，不仅孩子快乐，大人也在狂欢。不管老年人还是年轻人，男人还是女人，大家都穿着漂亮的新衣，脸上都挂着笑容。中国幅员辽阔，每个地方在过年时都有不同的习俗，丰子恺生活的浙东地区也颇有特点。

《过年》一文记叙了从阴历十二月十五到正月十五一个月以来，浙东过年的民风民俗：廿三日晚有送灶君菩萨的习俗，“拿些冬青柏子，插在灶轿两旁，再拿一串纸做的金元宝挂在轿上；又拿一点糖塌饼来，粘在灶君菩萨的嘴上。这样一来，他上去见了天神，粘嘴粘舌，说话不清楚，免得把人家的恶事全盘说出”，不过更有意思的还属年底吃过年夜饭的“毛糙纸揩洼”。“洼”就是屁股。一个人拿一张糙纸，把另一人的嘴揩一揩。意思是说：你这嘴巴是屁股，你过去一年中所说的不祥的话，例如“要死”之类，都等于放屁。过年的气氛在这些喜庆风俗的感染下更加浓厚了。

关于讨债还债浙东民间也是有讲究的。“提灯笼，表示还是大年夜，可以讨债；如果不提灯笼，那就是新年元旦，欠债的可以打你几记耳光，要你保他三年顺境。因为大年初一讨债是禁忌的”，寥寥数语便把浙东人的幽默与淳朴勾勒出来。

妙趣横生的浙东民俗

《清明》同样描绘了一幅妙趣横生、清新可人的浙东民俗图。丰子恺在文章开头便说，“在我幼时，清明扫墓是一件无上的乐事。人们借佛游春，我们是‘借墓游春’。”在这里，清明扫墓的氛围是愉悦的，与古人所说的“鸦啼雀噪昏乔木，清明寒食谁家哭”，“佳节清明桃李笑，野田荒冢只生愁”是截然不同的。

清明三天是都要扫墓的，这却是全家无比欢乐的三天。寒食的下午步行上“杨庄坟”，大家“一路上采桃花，偷新蚕豆，不亦乐乎”，拜祭过后自由吃喝玩耍，还可以就地取材，用蚕豆梗和豌豆梗现场制造“悠扬可听”的笛子。

上“大家坟”就更热闹了。“坟共有五六处，须用两只船，整整上一天。同族共有五家，轮流作主。白天上坟，晚上吃上坟酒。这笔费用由祭田开销。祖宗们心计长，恐怕子孙不肖，上不起坟，叫他们变成饿鬼。因此特置几亩祭田，租给农民。轮到谁家主持上坟，由谁家收租。雇船办酒之外，费用总有余裕。因此大家高兴作主。而小孩子尤其高兴，因为可以整天在乡下游玩，在草地上吃午饭。”而抢鸡蛋，吃上坟酒对于孩子们来说更是乐事一件，“每到一个坟上，除对祖宗的一桌祭品以外，必定还有一只小匾，内设小鱼、小肉、鸡蛋、酒和香烛，是请地主吃的，叫做拜坟墓土地。孩子们中，谁先向坟墓土地叩头，谁先抢得鸡蛋。我难得抢到，觉得这鸡蛋的确比平常的好吃。”。

第三天上私房坟，“雇一只客船，慢吞吞地荡去”，还可趁着祭扫到附近的三竺庵去玩，对于“我们”来说，又是一件十分轻松有趣的事。

《清明》一文从始至终都洋溢着欢快的气氛，丝毫不见悲伤的情绪。丰子恺先生在文章结尾时说：“我们终年住在那市井尘嚣中的低小狭窄的百年老屋里，一朝来到乡村田野，感觉异常新鲜，心情特别快适，好似遨游五湖四海。因此我们把清明扫墓当作无上的乐事。”

无论描写的是别人的生活还是自己的生活，他笔下的人物都是现实中的普通人，没有脸谱化，不受到意识形态的干扰。他笔下丰富多彩的民间生活，透过这些人和事，我们可以看到丰子恺超然、达观的人文情怀。

·3·

曲高也能和众

“曲高和寡”可以理解为乐曲的格调越高，能和的人就越少，后亦喻言论或作品不通俗，能了解的人很少。丰子恺感慨到：以前有的艺术家，听见了“大众艺术”这名称，要喟然叹息；以为艺术一“大众化”，必定要“易浅化”“低级化”，是很可惜的事。他们以为“大众化”就是“退步”。“独不知文学作品的优秀，决不在乎文言与古典，而在乎有利于大众的精神营养。”

艺术与人生紧密相关

“与众乐乐”是孟子提出的美学观点，源自于《孟子·梁惠王下》：“独乐乐，与人乐乐，孰乐？不若与人。”“与少乐乐，与众乐乐，孰乐？不若与众。”独自一人欣赏音乐与和他人一起欣赏音乐二者，后者更快乐，和少数人一起欣赏音乐，与和多数人一起欣赏音乐二者，后者更快乐。这也就是丰子恺强调的“审美活动不是排他的，众多的人可以在共同的审美活动中得到审美的愉悦”。丰子恺的“曲高和众”与孟子的“与众乐乐”，有着相通之处。

1925年，丰子恺与匡互生、朱光潜等在上海创办了立达学园。这期间，他加入了新文学运动中成立最早、影响和贡献最大的文学社团——文学研究会，他的好友夏丏尊、叶圣陶、朱自清等人也是其中的成员。文学研究会高举五四文学革命的旗帜，提倡为人生而艺术，主张反映人生、关心人民疾苦的现实主义文学原则。

丰子恺主张艺术要大众化，要现实化。他说："有生即有情，有情即有艺术。故艺术非专科，乃人人所本能；艺术无专家，人人皆生知也。""美术是为人生的。人生走到那里，美术跟到那里。"他呼吁中国画的画家们走出古代社会，"到红尘间来高歌人生的悲欢，使艺术与人生的关系愈加密切"。

大画家米勒60周年忌辰时，丰子恺写了篇《米叶艺术颂》。米勒的主要代表作包括《簸的人》《接木的农夫》《拾穗》《持锄的男子》等，他的作品直到去世后才被大众理解和接受。丰子恺特别赞同罗曼·罗兰的评价——米勒的人格，是19世纪的一个惊异，他认为米勒的绘画，独树一帜，自成一家，在欧洲历史上开辟新纪元。

在丰子恺看来，米勒与其他画家描绘幻想的圣境不同，米勒更多的是表现现实生活，表现自己的生活环境，表现人生的悲欢，使绘画成为一种大众化的与人生密切关联的艺术。丰子恺推崇米勒"平凡的伟大"。在丰子恺看来，米勒的艺术的伟大在于两点："第一，是艺术的'大众化'；第二，是艺术的'生活化'。""米勒描写民间的生活，他的画为一切民众所理解，因此客观性非常广大；描写自己的贫困的环境，他的画与他的生活密切的关联，因此富有人生的真味。"在此基础上，丰子恺将一切伟大艺术需要具备的条件，总结为广大的客观性和人生的真味。

不盲目复古

丰子恺的画，以古诗词为题材，但人物打扮是现代的，这是很有创造性的。

《宇宙风》创刊之际，林语堂向丰子恺约稿时说：“你的画可名为人生漫画。”于是，《宇宙风》从第一期开始连载丰子恺的《人生漫画》，每期一题，由四幅构成，从新夫妇、旅客，到商人、医生等，内容涉及人生的方方面面，既幽默又发人深思。

“云霓”一词来源于《孟子·梁惠王下》：“民望之，若大旱之望云霓也。”“云霓”指下雨前的征兆。漫画《云霓》，描绘了人们踏车祈雨的情景，充满了浓郁的乡土气息，又与“云霓”一词有关联。丰子恺的画虽然常常以古诗词为题创作，但把艺术注意力转向周围的日常事务和寻常百姓，这使他的漫画真正受到了大众的喜爱。如漫画《满山红叶女郎樵》《三娘娘》《前江的新娘子》《挖耳朵》《张家长李家短》《村学校的音乐课》《浣纱》《在两家当工后的夫妇》等，都是与现实生活紧密结合的。

丰子恺的美学思想在中国现代美学思想史上是不可或缺的，有着不可替代的地位。丰子恺终身致力于让艺术走出少数精英的圈子，走进普通大众的日常生活，使生活艺术化和艺术生活化。丰子恺既反对“为艺术的艺术”，也反对“为人生的艺术”，而要提倡“艺术的人生”和“人生的艺术”，因为人生的理想状态就是艺术化的人生。

·4·

艺术的三昧

三昧是佛教用语，是梵文译音，也译作“三摩地”“三摩提”。三昧是佛教的修行方法之一，意为排除一切杂念，使心神平静。至于集中精神的方法，可分为两种：一种是与生俱来的能力，即“生得定”；另一种是因后天的努力而使集中力增加，即“后得定”。前者靠积德，后者靠修行而得。丰子恺所说的“艺术三昧”具体是指：在一点里可以窥见全体，而在全体中只见一个个体，即美学上的所谓“多样的统一”。

书法的局部美与整体美

吴昌硕是中国近、现代书画艺术发展过渡时期的关键人物，诗、书、画、印四绝的一代宗师，晚清民国时期著名国画家、书法家、篆刻家。有一次他写了一方字给丰子恺看，丰子恺觉得单看各笔划并不好，单看各个字、各行字，也并不好。然而当丰子恺看这方字的全体，却觉得有一种说不出的好处。单看时觉得不好的地方，全体看时都变好，非此反不美了。

丰子恺解释说：“原来艺术品的这幅字，不是笔笔、字字、行行的集合，而是一个融合不可分解的全体。各笔各字各行，对于全体都是有机的，即为全体的一员。字的或大或小，或偏或正，或肥或瘦，或浓或淡，或刚或柔，都是全体构成上的必要，决不是偶然的。即都是为全体而然，不是为个体自己而然的。”

这给了丰子恺启发：假如有绝对完善的艺术品的字，必在任何一字或一笔里已经表出全体的倾向。如果把任何一字或一笔改变一个样子，全体也非统统改变不可；又如把任何一字或一笔除去，全体就不成立。换言之，在一笔中已经表出全体，在一笔中可以看出全体，而全体只是一个个体。

所以单看一笔、一字或一行，自然不行。这是伟大艺术的特点。

一有多种，二无两般

书法与绘画在某些地方是相通的。中国画论中有所谓“气韵生动”，西洋印象画派则有这样的观点：“以前的西洋画都只是集许多幅小画而成一幅大画，毫无生气。艺术的绘画，非画面浑然融合不可。”从这方面看来，印象派的创生确是西洋绘画的进步。

丰子恺称：“这是一个不可思议的艺术三昧境。”在一点里可以窥见全体，而在全体中只见一个个体。《碧岩录》中所谓的“一有多种，二无两般”也有此意。这道理看似矛盾又玄妙，其实是艺术的一般特色。为了让读者更好地理解，他举了个例子：

譬如有三只苹果，水果摊上的人把它们规则地并列起来，就是“统一”。只有统一是板滞的，是死的。小孩子把它们触乱，东西滚开，就是“多样”。只有多样是散漫的，是乱的。最后来了一个画家，要照着它们写生，给它们安排成一个可以入画的美的位置——两个靠拢在后方一边，余一个稍离开在前方，——望去恰好的时候，就是所谓“多样的统一”，是美的。要统一，又要多样；要规则，又要不规则；要不规则的规则，规则的不规则；要一中有多；多中有一。这是艺术的三昧境！

宇宙是一大艺术。人何以只知鉴赏书画的小艺术，而不知鉴赏宇宙的大艺术呢？人何以不拿看书画的眼来看宇宙呢？

如果拿看书画的眼来看宇宙，必可发现更大的三昧境。宇宙是一个浑然融合的全体，万象都是这全体的多样而统一的诸相。在万象的一点中，必可窥见宇宙的全体；而森罗的万象，只是一个个体。艺术的字画中，没有可以独立存在的一笔，同样宇宙间也没有可以独立存在的事物。倘不为全体，各个体尽是虚幻而无意义了。而“我”自然也不是独立存在的“小我”，应该融入于宇宙全体的“大我”中，以造成这一大艺术。

·5·
艺术的最高点与宗教相近

丰子恺会选择生活中琐屑平凡的小事做细细的咀嚼与玩味，在创作过程中，使之超越“平凡小事”的表象而上升到哲理与人生的高度，从日常生活中挖掘出深远的意义。而这些深刻的思想内涵，并非都在文章中进行直白的表达，丰子恺追求的是“弦外有余音”，讲究的是意到笔不到，以含而不露来获得耐人寻味、发人深省的审美效果。这些对艺术表现的追求，使深受传统文化滋养的丰子恺去借鉴传统绘画技巧，只勾勒对象的显著特征，体现出以形传神、形神兼备的古典美学原则。因此，“小中见大”“弦外余音”与白描技法的结合，使丰子恺的作品既有现实性亦饱含传统之美，显现出独特的创作风范。

笑的哲人的态度

丰子恺将“笑的哲人的态度”融合在生活中，表现出心胸的宽大。他简朴的思想、宽和的性情使生活变得简单。在恶劣的条件下，丰子恺能够对人生抱有宽容、平和的态度；在物质丰富时期，亦不做名利的奴仆，保持着积极闲散的生活状态。

文艺创作是艺术家在“美欲”“艺术冲动”的诱发下产生的，这一观点贯穿了丰子恺一生的创作实践。就他一生成就最突出的随笔和漫画两种艺术形式而言，无论是追忆亲朋、缅怀恩师、赞美童真的散文随笔，还是刻画社会百态、风景民俗的漫画，亦或是宣扬佛教思想劝人戒杀、护生护心的诗画，都是丰子恺发自赤诚的产物。

生活中的细微琐事，无论是孩子用蒲扇做脚踏车，还是街头偶然遇到的乞丐，无论是儿时的玩伴，还是文艺界的相识，只要能进入丰子恺的艺术视野，就是与创作“有缘”。在文章《忆儿时》《给我的孩子们》《儿女》《华瞻的日记》中，我们看到了丰子恺对童真世界的挚爱，对童心的赞美；《还我缘缘堂》《辞缘缘堂》《告缘缘堂在天之灵》表达了对家园的依恋；《伯豪之死》《悼夏丏尊》《怀李叔同先生》等缅怀了师友。在漫画《人散后，一钩新月天如水》《燕归人未归》《无言独上西楼》里我们看到了对古诗词意境的新解；《瞻瞻的车》《放风筝》《花生米不满足》等中对于儿童乐趣的描绘让人心中涌起暖意；《卖品》《小主仆》

《二重饥荒》《最后的吻》中表现出的社会不公则让人同情。

丰子恺的作品之所以能唤起人类共同的情感，贵在真诚。他不为名利妥协，只遵从自己的内心，这是值得我们永远敬佩的。

最喜小中能见大，还求弦外有余音

丰子恺在为自己的画集作的《代自序诗》云："泥龙竹马眼前情，琐屑平凡总不论。最喜小中能见大，还求弦外有余音。"此处所说的"小中见大""弦外余音"正是丰子恺对自己艺术风格的概括。

在创作的过程中，丰子恺逐渐从人生的细微处体味到佛教的真义，尤其是譬喻与想象的手法，更因渗透了佛家思想的内涵而独具况味。譬喻是佛经中用来帮助阐发义理的常用手法。释迦牟尼游历广泛，接触僧众甚多，水平也参齐不齐，他善于用具体的形象做事例，让人通过这样好理解的方式来领悟佛理。因此，佛经中的譬喻比比皆是。著名的"般若十喻"就是《般若经》讲"空"观，说一切"色"不过如梦、如幻、如水泡、光影等一样。而"法华七喻"则是由七个完整生动的故事构成，其中的"朽宅""化城"二喻成为后代诗文中常出现的典故，"三界火城""导师化城"更成为深入人心的典故。这些著名的譬喻使《法华经》有了很好的文学性，也因为易懂而在民间广为传播。

丰子恺创作的《比喻》一文，认为比喻的效果主要体现在三个方面："第一，能使意义'具体化'；第二，能使事实'夸张化'；第三，能使语言'趣味化'；或者偏重某一方面，或者兼有各方面。"

丰子恺对譬喻十分推崇，其具象化、夸张化、趣味化的效果在儿童故事中尤其好，以具体事例作譬来说明抽象的道理，可以使孩子们容易听懂并受到美与善的教益。

《油钵》的故事是讲，国王让小官吏抱着满满一钵油行经二十里大城不失一滴，意在表达意志专精，坚定不移的主题。小官吏捧着重而满的油钵，穿过闹热的二十里街道，在他的周围，有看客的议论、亲戚的悲叹吊慰、美人的舞蹈、疯象的狂奔、大楼的失火，但这小官吏犹如置身事外，“一切惊呼，号哭，骚乱，歌唱，喝彩，对他没有丝毫影响，在他如同不闻”。心中只有一个油字的小官，最终顺利地完成了国王的惩罚，不仅被免罪，还升了官。这样的故事比干巴巴地讲道理更容易被孩子接受。

《博士见鬼》一文也是取譬于现实生活。留洋博士的爱妻死了，续弦后前妻的亡灵常常骚扰他们，甚至一夜间将纸牌位反身，对前妻索命的恐惧最终将后妻活活吓死。结果在给两位妻子守灵时，博士发觉所谓的前妻显灵、纸牌位反身，不过是邻家打米震动地面造成的，他恍悟灵异事件不过是普通的物理作用。通过这个简单的故事，破除封建迷信的抽象主题一下就清晰起来了。

此外，像《为了要光明》《生死关头》等故事，都是以具体事例作譬来说明抽象道理的。可见，借鉴于佛家劝喻世人的譬喻是丰子恺创作尤其是童话和儿童故事创作中常见的艺术策略，体现了他“最喜小中能见大，还求弦外有余音”的创作理想。

带有佛家意蕴的想象世界

佛家以“性空”观念体认外在世界，“空”构成了世界的本体，包括佛、菩萨、西方净土，都是人心造的产物，是人的主观思维投射于外在物象的产物，因此，佛家思想所缔造的世界是建立在大胆想象的基础之上。想象是佛教文化的基本特点，也是丰子恺艺术创作的特点之一。明清时期很多神魔小说都取材于充满丰富想象的佛家经典，其中最著名的当属《西游记》了。大胆、恣肆的想象创造出了极乐世界，千百年来默默影响着中国人的思维、文人的创作。

丰子恺的艺术创作亦是颇具想象力的。《爸爸不在家的时候》《海陆空》《办公室》等漫画都是取材于现实生活，然而以充满想象力的艺术，再现了儿童的纯真与趣味。他的文章《华瞻的日记》更是用切近的想象俯身于儿童，用以儿子瞻瞻的思维、视角与语言来表达对成人世界的不解与不满。

然而最能体现丰子恺这一创作特点的，仍是童话作品。《赤心国》《明心国》《大人国》《有情世界》《伍元的话》等，为孩子们构建了一个充满想象的新世界。

在明心国里，住着的是长发、赤脚、穿棕搁衣的野人，每人胸前挂着一面玻璃镜子，那就是他们的心，他们心里想什么就会在镜子上显出什么来。在丰子恺的故事里，这是一个理想的纯情世界，是最好的人类社会。这里没有隐瞒与期盼，只有率真、坦白。而大人国更是一个与现实完全相反的社会，那里的“涨”当“跌”字讲，“利”当“害”字讲，“吃亏”当“占便宜”讲；学校教师在市教育局门前的示威请愿是为“要求减低待遇”“要求政府保证以后不再预发薪水”；叫花子“乞求”的不是钱而是为把钱送给别人；小偷不是为了偷钱是为将金条放进别人的皮包……这样的世界只可能在想象中出现。

在这些的作品里，从现实生活中捕捉到的现象，丰子恺将它们集中、深化，再撒上想象力这味“调料”，就将他对理想生活的向往与对现实的不满，做成了一道美味的艺术大餐。而这种想象又是温婉、宁静的，带有佛家的意蕴。

作为一名佛教徒，丰子恺将日常生活诗化、禅化，将佛教的出世精神带到了世俗世界，他处世达观洒脱，冷眼观察着世事流转，呈现出一种超然的宁静。他的想象世界自然也是宁静的、诗化的。他笔下描绘的是人与万物和谐共处的有情世界，即使是写物价飞涨这样充满“铜臭”的内容，也是通过一张五元钞票的平易叙述。丰子恺的想象因其佛家思想的熏染而显宁静，这种宁静的想象与他淡泊的个性、超然的思想、平和的处世态度为一体，由此我们便能理解丰子恺那与众不同的创作特质是如何形成的了。

无论文章还是漫画，丰子恺的艺术创作都浸润着浓郁的佛教意蕴。他是虔诚的佛教徒，他的艺术创作中的选材、审美观、文风以及具体的创作手法等无一不沾染着佛家气息，这种佛家意蕴也使丰子恺的艺术创作在那个大师辈出的年代大放异彩，显现出独特的价值，在动荡的岁月中为世人提供了一种与众不同的审美追求。

·6·

人格为先，技术为次

丰子恺是李叔同教书时最亲近的学生之一，李叔同的影响伴随了他的一生，但与绘画技巧、音乐启蒙相比，李叔同还教给他了一种更重要的东西——一个艺术家的品质。李叔同教导学生“士先器识而后文艺”，即必须要先具备高尚的道德、伟大的人格，然后才能成为一个艺术家。这也是丰子恺从李叔同那里理解接受的“艺术心”。从李叔同那种对待艺术严肃认真的态度中，丰子恺懂得了“有艺术的心而没有技术的人，虽然未尝描画吟诗，但其人必有芬芳悱恻之怀，光明磊落之心，而为可敬可爱之人。若反之，有技术而没有艺术的心，则其人不窗一架无情的机械了”。

艺术应当走进群众

丰子恺从小喜爱绘画，到12岁时，就已经把芥子园人物画谱统统印全了。最早触发丰子恺美术灵感的，要算是玩具和花灯。直到1935年，他在《视觉的粮食》中还对20多年前的创作印象颇深：“那种塑印的红砂泥模型，在一切玩具中是最有造型美术的意义，又最富有变化。”故乡石门湾例行的“迎花灯”盛会也令丰子恺对书画产生了莫大的兴趣。在文中丰子恺明确表示：“我学书学画的动机，即启始于此。我对美术研究的兴味，因了这次灯会期间的彩伞的试制而更加浓重了。”

丰子恺在《深入民间的艺术》一文中，给艺术做了严格的定义，即艺术是人心所特有的一种美的感情的发现。丰子恺又将普罗大众所能理解的艺术，深入浅出地做了说明：高深纯正的艺术，好比是食物中的米麦。这里面有丰富的滋养料，又有深长的美味。然而多数的人，难能感得这种深长的美味。但是想要推广这种美味，也并非没有办法。从米麦中提取精华，制成一种味精，把味精和入各种食物里，就能为食物增加美味。易于大众理解和接受的艺术，就好比这种味精。

在生活的各个方面都加些这样提取出来的“味精”，生活更容易艺术化了。“群众所要求的美，不是纯粹的美，而是美的加味。群众所能接受的，不是纯文学，纯美术，而是含有实用性质的艺术。”所谓群众的艺术，鲜少是独立的艺术品，而大多数是利用艺术为别种目的的手段，即以艺术为加味的。

在丰子恺看来，最深入民间的只有两种艺术，“一是新年里到处市镇上贩卖着的‘花纸儿’，一是春间到处乡村开演着的‘戏文’”。一切艺术之中，没有比这两种更普遍的了。“故深入民间的艺术，不是严格的，是泛格的；不是狭义的，是广义的；不是纯正的，是附饰的；不是超然的，是带实用性的。”于是“灌输知识，宣传教化，改良生活，鼓励民族精神，皆可利用艺术为推进的助力”。

创作中的人格之美

作为一位曾东渡日本、接受新学，同时又有着丰厚的传统文化底蕴的现代艺术家，丰子恺不仅以其在美术、文学、文学等多个领域的高深造诣而扬名，更以其平淡朴实、超然绝尘的高贵人格感染着众多的读者。丰子恺凭借作品中恬淡、隽永的艺术气息与其超脱飘逸的人生旨趣，在20世纪的中国文艺界占得了一席之地。而这一切与其作品中所渗透的人格魅力是密不可分的。

丰子恺指出：教育是教人以真善美的理想，使窥见崇高广大的人世的。从心理学上说，真善美就是知意情，知意情三而一并发育，造成崇高的人格。他认为，健全人格主要是指人精神世界的健康，即真、善、美三方面的统一与协调。与人的行为相比较而言，行为是精神的外显，精神决定行为，只有在健康精神的作用下，才能发出真善美的行为。因此，丰子恺把健康的精神世界视为健全人格的核心。就真善美三者的关系来说，它们是相互影响、相互制约的，然而三者中“美”起着至关重要的作用。对此，他在《艺术与艺术家》一文做过一个形象的比喻：圆满的人格好比是一个鼎，真善美好比鼎的三足。缺了一足，鼎就站不住，而三者之中，相互的关系如下：真、善为美的基础，美是真、善的完成。

在文中，他又举例解释了三者的相互关系说，虽然“真善生美”，但真和善的东西不一定就是美的，比如一张纸上随便乱涂的东西、将乐器漫无伦次地发出许多音，以及曾子不顾节制的至孝、子路一味的好勇，这些“真是真的，善是善的，但是不美”。所以，只一味地追求真与善，是并不可取的，真和善必须用美来调节。从对真善美三者的态度上来讲，丰子恺更青睐于“美”，因此他更推崇用艺术教育来培养真善美的健全人格，因为“美生艺术”，艺术是按照美的法则对真和善进行“节制”的结果，是真善美完美地结合在一起的统一体。在培养健全人格的过程中，艺术的生活态度是最关键的部分，知识、道德，在人世间固然必要；倘缺乏这种艺术的生活，纯粹的知识与道德全是枯燥的法则的网。在丰子恺的心目中，具有艺术精神的人格才是“大人格”，他曾说“大艺术家必是大人格者”。反过来理解，“大人格者”也必定具有大艺术家的特质。

当我们理解了丰子恺用艺术改善生活的美学观点，也就理解了他为何将人格看得比技术更重的原因了。

·7·
走在“审美”的人生路上

“审美”一词源自古希腊，最初的意义是“对感观的感受”，是在理智与情感、主观与客观的具体统一上追求真理、追求发展。哲学家恩斯特·卡西尔认为的“美并不是事物的一种直接属性，美必然地与人类的心灵有联系”。对美的追求，亦是对生命自由的追求。丰子恺一生追求“闲”的生活，这表现了他的审美境界。在生活中融入“美”的因素，并用审美的态度去看待现实世界，可以提高生活审美品位修养。

通过审美完成对人生价值的追求

丰子恺认为 “真、善为美的基础。美是真、善的完成”。一方面，丰子恺提倡审美教育的普世观；另一方面，他的审美走向休闲的人生境界。

丰子恺认为艺术教育的目的“就是美的教育，就是情的教育”，主张通过艺术鉴赏来提高审美感受，从而起到休闲审美教育的功能作用。丰子恺注重审美教育目的在于教人发现美，并助人形成美好的世界观和人生观。他以音乐、美术等为平台实现着他自己的休闲审美教育思想。

在休闲审美教育的思想指导下，丰子恺有许多审美教育的切身实践。作为一名艺术教师，丰子恺一生都在践行着大众审美知识的启蒙。他翻译了许多国外的文艺理论著作，并加以内化，然后编成讲义，在学校推广着美的知识。丰子恺参与创办了“中华美育会”，在中国首次以社会教育的方式较大规模地培养音乐师资，并于次年创办会刊《美育》，这对推动中国的新美育起了重要作用。不仅如此，丰子恺为了将艺术理论说到大众心里，在理论著作中仍使用了深入浅出而又妙趣横生的随笔风格，原本枯燥难懂的理论在他的笔下豁然有了生气，为美术理论增添了不少生趣，也让更多人可以看懂。

丰子恺一直致力于审美教育的理论推广。丰子恺总结了自己的艺术教育课的三个要旨：第一，有“艺术心”，即“广大同情心”，拥有“万物一体”的大胸怀。第二，他认为真、善为美的基础，美是善的完成。真、善好比人格的骨格，“美”好比人体的皮肉。他主张“心为主，技为从”，技巧不是艺术，艺术是“善巧兼备”的，要以“人格为先，技术为次”。第三，他将“艺术教育”应用于人生之中，崇尚“温柔敦厚、文质彬彬”，使人生趋于完满。

丰子恺注意到美并不是独立存在的，只有与真、善的结合才能发挥其作用于人的精神效力。艺术精神的应用就是通过教育的形式来培养学生的审美情趣。他认为美育“不求直接效果，而注重间接效果，不求学生能作直接有用之画，但求涵养其爱美之心，能用作画一般的心来处理生活，对付人世，则生活美化，人世和平，此为艺术的最大效用”。通过美化物质生活，通过感受自然界的各种美好，都可以丰富人生和涵养人性，这种注重审美体验的做法正是休闲体验最直接的切入和表达。

走向休闲的人生境界

在丰子恺看来，“形状和色彩有一种奇妙的力，能在默默之中支配大众的心”，作为外在表现形式的美，也会在无形中对人生起到积极而正面的引导。丰子恺把美看成可以“营养精神”的“精神食粮”，他重点强调了审美对提高精神品质的作用，这种令内心愉悦的体验只有追求高尚价值的人才体会得到。

审美与休闲有着内在的本质联系，丰子恺将审美体验运用到生活和艺术中，这就成了他追求闲趣和生命自由的动力。我们要深入了解丰子恺和他推崇的休闲生活，就必须从审美的角度进行思考。丰子恺一生都在追求美，他既实现了生活环境的审美化，也实现了审美境界的生活化。

丰子恺拥有恬静的心态和豁达的胸怀，始终保持着对休闲生活和休闲艺术的热爱，缔造了自己潇洒写意的一生。他在“真善美”的休闲体验中收获了最自然、淳朴和最本真的愉悦，他那不刻意、不苛求、不拘束、超然世外的态度，正是其艺术人生的最好表达。

·8·

做中国“最像艺术家”的艺术家

日本汉学家川吉幸次郎在他翻译的《缘缘堂随笔》序言中这样写道：“我觉得，著者丰子恺，是现代中国最像艺术家的艺术家。这并不是因为他多才多艺，我所喜欢的，乃是他的像艺术家的率真，对于万物的丰富的爱，和他的气骨。”丰子恺不但主张人生艺术化，还身体力行，他的一生，是人生艺术化的典范。

人生处处有艺术

丰子恺的生活充满情趣，仅是从他对居住房屋的命名，就可见一斑。在母亲去世后，根据中国传统习俗是不能整理仪容的，服丧期满后丰子恺也没将胡须剃掉，干脆蓄起了一捋长须，更是为他增添了艺术家飘然的气质。

丰子恺住过的房子有浙江上虞白马湖畔的“小杨柳屋”、故乡石门湾的“缘缘堂”、贵州遵义南潭巷的“星汉楼”、重庆沙坪坝的“沙坪小屋”，以及上海的“日月楼”。尽管随着世事变迁，丰子恺的经济收入和生活条件有着很大的差距，但无论是身处作为教员宿舍的“小杨柳屋”，还是故乡自己亲手建起的“缘缘堂”，还是远在西南那偏僻简陋的沙坪小屋，丰子恺总用一种诗情画意的眼光去观察生活，所以才能在生命中的各个阶段都发现生活之美，即使身处逆境，也能保持着一份对生活深挚的热爱。

说到文人的雅趣，就不能不说酒，文人好酒的轶事自古以来数不胜数，李白、陶渊明、“竹林七贤”都是文人好酒的代表。丰子恺也喜欢喝酒，但属于好饮酒而不善饮酒的类型。在日本求学时，丰子恺与崇明人黄涵秋相识，两人对饮的是“知己酒”。这两个富有“闲情逸致”的酒徒“在江之岛吃壶烧酒，三杯入口，万虑皆消。海鸟长鸣，天风振袖。但觉心旷神怡，仿佛身在仙境”。抗战时期，丰子恺一家逃难到杭州，转桐庐，在城外河头上租房而居，丰子恺同年约60多岁的盛姓老翁对酌“患难酒”，“酒是自家酿的，色香味都上等。我们就用花生米下酒，一面闲谈”，尽管是乱世，但也颇有苦中作乐之美。还有一种吃酒方式可谓是酒徒的最高境界：丰子恺在杭州西湖之畔闲居时，认识了湖滨旅馆门口摆刻字摊的朱姓男子，他经常到湖边钓虾，只要钓得了三四只大虾便不再钓了，说：“下酒够了。”丰子恺对他的自得其乐十分敬佩。

坚持自我

从 1933 年迁入“缘缘堂”到 1937 年抗战被迫辞别“缘缘堂”，丰子恺一家在那里度过了非常幸福美好的时光。在“缘缘堂”的几年里，丰子恺实现了他渴望的生活情趣和理念。丰子恺在谈到“缘缘堂”时曾这样说过：“这样光明正大的环境，适合我的胸怀，可以涵养孩子们的好真、乐善、爱美的天性。”

丰子恺在散文《辞缘缘堂》中，再次表达了他对“缘缘堂”的深爱，这不仅仅是一座住宅，更是与他性格情趣浑然一体，“是灵肉完全调和的一件艺术品”：“缘缘堂”的构造为中式，取其坚固坦白，形式用近世风，取其单纯明快。一切因袭、奢侈、烦琐、无谓的布置与装饰，一概不入。全体正直。高大、轩敞、明爽，具有深沉朴素之美。正南向的三间，中央铺大方砖，正中悬挂马一浮先生写的堂额。壁间常悬的是弘一法师写的《大智度论·十喻赞》和“欲为诸法本，心如工画师”的对联。

乔迁之日，全家的欢喜与幸福达到了极致，长久以来的渴望终于成为了现实。“缘缘堂”的落成带给丰子恺及全家人无限温馨：

春天，两株重瓣桃戴了满头的花，在门前站岗。门内朱楼映着粉墙，蔷薇衬着绿叶。院中秋千亭亭地立着，檐下铁马丁东地响着。堂前燕子呢喃，窗内有“小语春风弄剪刀”的声音。这和平幸福的光景，使我难忘。夏天，红了樱桃，绿了芭蕉，在堂前作成强烈的对比，向人暗示“无常”的幻相。葡萄棚上的新叶，把室中人物映成绿色的统调，添上一种画意。垂帘外时见参差人影，秋千架上时闻笑语。门外刚挑过一担“新市水蜜桃”，又来了一担“桐乡醉李”。喊一声“开西瓜了”，忽然从楼上楼下引出许多兄弟姊妹。傍晚来一位客人，芭蕉荫下立刻摆起小酌的座位。这畅适的生活也使我难忘。秋天，芭蕉的叶子高出墙外，又在堂前盖造一个天然的绿幕。葡萄棚上果实累累，时有儿童在棚下的梯子上爬上爬下。夜来明月照高楼，楼下的水门汀映成一片湖光。各处房栊里有人挑灯夜读，伴着秋虫的合奏。这清幽的情况又使我难忘。冬天，屋子里一天到晚晒着太阳，炭炉上时闻普洱茶香。坐在太阳旁边吃冬春米饭，吃到后来都要出汗解衣服。廊下晒着一堆芋头，屋角里藏着两瓮新米酒，菜橱里还有自制的臭豆腐干和霉千张。星期六的晚上，儿童们伴着坐到深夜，大家在火炉上烘年糕，煨白果，直到北斗星转向。这安逸的滋味也使我难忘。

然而，在丰子恺生命中最后的那几年，主张一切都要革命化的时代里，丰子恺这种注重生活情趣与品味，将生活艺术化的做法无疑是充满了“小资”情调的，自然也是要大受抨击的。在那个将“艰苦朴素”发挥到极致的年代，个人趣味压榨到近乎于无，而丰子恺只要有机会就偷偷创作，即使在批斗、改造之余也不忘同牛棚里的“棚友”玩风雅的文人游戏，这种诗意的坚守无疑是一种艺术家的选择。

·9·
音乐与儿童：用音乐养护心灵

丰子恺虽然上中学时才遇到李叔同，但早在小学时他就曾唱着李叔同作的《祖国歌》，与同学上街宣传爱用国货，从那时起就对音乐的感召力有了认识。怎样培养学生的健全人格是教育的中心问题之一，几乎历史上所有的教育家都对此非常关心，古代的孔子、老子如此，近代的王国维、孙中山、梁启超、蔡元培等亦是如此。丰子恺也认为健全人格教育是极为重要的，特别是不以培植专门人才为目的的普通教育。同时，他认为艺术教育，尤其是音乐教育，对养成健全人格的作用最大。

高尚而健全的美才能陶冶情操

丰子恺一贯主张，用艺术教育对人进行美的陶冶。他在最早出版的音乐理论书籍《音乐的常识》中就提出：“艺术给人一种美的精神，这精神支配人的全部生活。”培养美的精神，并用这种精神支配人的全部生活，是丰子恺从事艺术创作，并投身艺术教育活动的深层原因，也是他一生都在追求的理想。而在各种艺术教育门类中，他更看重音乐。因为音乐是“艺术中最能直接地精密地接触人间的精神生活的”艺术形式，是“人类感情的最直接的发表”，“是艺术中最动人的一种”，“是一切艺术的先锋”。

丰子恺承认美的重要性，但也认为不可一味地只看重美，只追求美(外在礼度或形式)而不注意将美的形式与真善的内容相结合，也是不可取的，因为有些看似很美的东西，却可能对人格精神产生极深的毒害作用。在《为中学生谈艺术学习法》一文中，与高尚而健全的美相对应，他把这种美称作不健全的美，并把不健全的美化作两种类型。第一种是卑俗的美，其特征是重显露而缺乏含蓄，有一种妖艳而浓烈的魅力，能吸引一般缺乏美术教养的人的心而使之同化于其卑俗中，一见触目荡心，再看时一览无余，三看令人作呕。音乐上他以《孟姜女》为例，说“这类的俗乐，初听时觉得其旋律婉转悠扬而甘美，但多听数次便感觉厌倦、肉麻，因厌恶其乐曲而一并鄙视其唱奏者”。第二种是病态的美，其特点是偏好某种性质的美而沉溺于其中，如“悲哀的音乐，往往容易牵惹多烦恼的现代生活的心，使他们沉浸于其中，不知世间另有‘庄美’‘崇高美’等滋味”。所以在进行音乐教育时，要以真善美相统一作为标准，选择“曲高和众”而非“曲低和众”的音乐作教材，这样才有益于精神世界的提升，反之则可能使人堕落。“低级趣味的东西不能代表音乐艺术。”

音乐让世界更美好

丰子恺认为，在保护、恢复童心方面，音乐的作用可体现在两方面：

首先，在各种艺术种类中，音乐是最容易被儿童普遍接受、普遍喜爱的艺术形式，也是最能对儿童感情产生深刻作用的艺术形式。音乐不仅能直接呵护童心，成人以后再重温儿时所学的音乐时，亦能直接使童心回归。他曾在《儿童与音乐》一文中，以自己的亲身感受来说明这一观点：

每逢听到一个do、mi、so组成的主三和弦继续响出，心中便会想起儿时所唱的《春游歌》，现在我重唱这旧曲时，只要把眼睛一闭，当时和一起唱歌的许多小伴侣的姿态便一齐显现出来：在阡陌之间，携着手踏着脚大家挺直嗓子仰天高歌，有时我唱到某一句，鼻子里竟会闻到一阵油菜花的香气，无论是在秋天、冬天，或是在都会中的房间里。所以我无论何等寂寞，何等烦恼，何等忧惧，何等消沉的时候，只要一唱会儿时的歌，便会有儿时的心出来安慰我、鼓励我，解除我的寂寞、烦恼、忧惧和消沉，使我恢复儿时的健全。由于儿童唱歌时全身心地投入其中，所以会终生服膺勿失。

音乐是一把双刃剑，高尚而“确美”的音乐“化人也速”，同时，低靡而“貌美”的音乐“毁人也甚”。因此，丰子恺真挚地发出慨叹：安得无数优美健全的歌曲，交付于无数素养丰足的音乐教师，使他传授给普天下无数天真烂漫的儿童？假如能够这样，次代的世间一定比现在和平幸福得多。

NO.7

饮酒看书四十秋，功名富贵不需求

——丰子恺谈禅意人生

丰子恺追求艺术，重视对自身修养的培养，亲近佛门，摆脱很多俗世的羁绊，不汲汲于实利，能够以超脱的心态看待世界。然而丰子恺并没有弃绝现实，一味地躲在宗教中寻求“解脱”，反而在禅意的人生中找到了无穷的乐趣。

·1·

粗茶淡饭岁悠悠

要形容丰子恺的一生，套用明朝画家董其昌所说的“画家须行万里路，读万卷书”一点不为过。丰子恺喜欢旅游，旅游不仅使他开阔了视野，还使之“耳目一新”，同时又锻炼了这位艺术家的身体与心志。他曾填过一首《浣溪沙》：“饮酒看书四十秋，功名富贵不需求，粗茶淡饭岁悠悠。”

小吃的记忆

丰子恺的文章中有不少谈到吃的，不过最有趣的还属他对小吃的回忆。某日，丰子恺忽然听到“砰”的一响，好像放炮，又好像轮胎爆裂。推窗一望，原来是“爆炒米花”。

爆炒米花“是用高热度把米粒放大的一种工作。这工作的工具是一个有柄的铁球，一只炭炉，一只风箱，一只麻袋和一张小凳。爆炒米花者把人家托他爆的米放进铁球里，密封起来，把铁球架在炭炉上；然后坐在小凳上了，右手扯风箱，左手握住铁球的柄，把它摇动，使铁球在炭炉上不绝地旋转。旋到相当的时候，他把铁球从炭炉上卸下，放进麻袋里，然后启封，——这时候发出“砰”的一响，同时米粒从铁球中迸出，落在麻袋里，颗颗同黄豆一般大了！”

这通常是当作孩子们的小吃，便宜、卫生，而且多吃些也无害。丰子恺也喜欢吃这种东西，不过他家是用切成小拇指大的水磨年糕片去爆。“小拇指大的年糕片，都变得同十支香烟篦子一般大了！爆的时候加入些糖，吃起来略带甜味，不但孩子们爱吃，大人们也都喜欢，因为它质地很松，容易消化，多吃些也不会伤胃。”

年糕虽然营养丰富，但是质地太致密，不容易嚼碎，不容易消化，只有胃健的人，才吃得了。而爆过之后，质地变松了，胃口不好的人吃了也能消化得动。

听着窗外爆炒米花的声响，丰子恺突然想起一件往事。《缘缘堂随笔》刚出版的时候，丰子恺将一本书送给了义父。这位义父是前清秀才，诗书满腹，一向反对白话文，丰子恺猜他肯定会持否定态度。“果然，他起初就局部略微称赞几句，后来的结论说：‘不过，这种文章，教我们做起来，每篇只要廿八个字——一首七绝；或者二十个字——一首五绝。’”

丰子恺一开始不以为意，后来细想之后觉得义父说的的确没错。“去年今日此门中，人面桃花相映红。人面不知何处去，桃花依旧笑春风。”“少小离家老大回，乡音无改鬓毛催。儿童相见不相识，笑问客从何处来？”这两个题材，如果让自己用白话文来表达，得写两三千字的抒情随笔。“昨日入城市，归来泪满巾：遍身罗绮者，不是养蚕人。”“长安买花者，一枝值万钱；道旁有饥人，一钱不肯捐。”这两个题材，也许得写成讽喻短篇小说才行。

30年过去了，丰子恺突然受了爆炒米花的启发：“原来我的随笔都好比是爆过、放松过的年糕！”

食之趣

西晋时，文人张翰曾在司马冏手下做官，一次他从江南赴洛阳，思念起家乡的菰菜、莼羹和鲈鱼脍，说：“人生贵得适意，何能羁宦数千里以要名爵乎？”这就是著名的“莼鲈之思”。张翰的“莼鲈之思”意在避祸保身，托词归隐，但是由此可以看出，在中国古代文人眼里，“食”是一种雅趣。还有如白居易擅做胡饼，苏东坡创造名菜“东坡肉”“东坡羹”等逸事都在文人中传为佳话。

然而，文人的“食”与普通人的“食”是不同的，文人的“食”并不只是为了填饱肚子，甚至也不仅仅在于满足味觉，更是将“食”作为一种综合性的艺术鉴赏。例如，周作人在散文《北京的茶食》中，提到日本东京的点心，“吃起来馅和糖及果实浑然融合，在舌头上分不出各自的味来”。同时他也抱怨北京的茶食，“总觉得住在古老的京城里吃不到包含历史的精练的或颓废的点心是一个很大的遗憾”。此时，点心不只为了果腹，已经成为审美的对象，其蕴涵的文化因素和文人趣味远远超过了食用价值。

在丰子恺的散文中，也有很多写到“食”的雅趣，其中最典型的就是《胡桃云片》，丰子恺在松江任教期间，每月要拿出薪水的十二分之一来买一种叫作胡桃云片的糕点，他之所以对胡桃云片情有独钟，不仅是因为它名字高雅，更因为它有优美的图案，让丰子恺能够用嘴巴和眼睛一起来享受这美味。其实，单从口味上来看松江的胡桃云片并没什么特别之处，“到江湾街上去买两百文胡桃肉，七个铜板云片糕，拿回家来用糕包裹胡桃肉，闭了眼睛塞进嘴里，嚼起来味道和松江胡桃云片完全一样”。丰子恺在文章中这样描写胡桃云片的美好之处：

胡桃肉的形体本是非常复杂，现在装入糕中而切成片子，就因了它的位置、方向，及各部形体的不同，而在糕片上显出变化多样的形象来。试切下几片糕来，不要立刻塞进口里，先来当作小小的画片观赏一下。有许多极自然的曲线，描出变化多样的形象，疏疏密密地排列在这些小小的画片上。倘就各个形象看：有的像果物，有的像人形，有的像鸟兽，还有许多像台湾。就全体看：有时像蠹鱼钻过的古书，有时像别的世界的地图，有时像古代的象形文字……

通过这深得丰子恺喜爱的，可以用眼睛和嘴巴一起品尝的胡桃云片，我们看到了丰子恺散文中的文人趣味。需要特别指出的是，这篇文章写于1932年11月，距离“一二八事变”不过十个月。在文章开头丰子恺坦诚地表示：“说出来真觉得有些惭愧：今天我对于展开在窗际的‘一二八’战争的炮火的痕迹，不能兴起‘抗日救国’的愤慨，而独仰望天际散布的秋云，甜蜜地联想到松江的胡桃云片。”这样的语言即使放在今天这样一个相对“多元化”的时代，也够惊世骇俗了。但是不论怎样，它的确反映出丰子恺边缘化的创作倾向，一种发于自己本心，毫不掩饰造作的创作心态，也正是因为这样，丰子恺才能在时代的怒涛中始终如一地坚持自己的本色。

·2·

知名不为名，有利不图利

丰子恺曾这样说过：“趣味，是我在生活上的一种重要养料，其重要几近于面包。别人都在为了获得面包而牺牲趣味，或者为了堆积法币而抑制趣味。我现在幸而没有走上这两条行径，还可省下半只面包来换得一点趣味。”佛教“缘起”及“无常”的思想，对丰子恺的人生观和文艺观产生了深远的影响。

只同志同道合者交往

受佛教“缘起”思想的影响，丰子恺在生活中形成了随缘、达观的人生态度；由于理解了“无常”，丰子恺对人生、命运等问题看得更为通透。丰子恺的生活是闲适的，他对追名逐利、结交名流毫无兴趣，与朋友轻松愉悦的“闲谈”才有乐趣。他喜欢跟同样富有闲情逸致、志同道合的人一起闲聊，这样的休闲不仅能放松身心，还能在这种善意的轻松氛围中分享交流思想，增益心智。正所谓：“眼前一笑皆知己，座上全无碍目人。”不同于谈判或者谈公事那种严肃紧张的气氛，在与朋友的闲谈中发表意见和见解是随心，在这种轻松和谐的氛围中相互交流，很容易引发灵感碰撞生出颇有建树的想法。

丰子恺一生中敬服之人并不多，梅兰芳算是一位。他后来在文章中说："我平生自动访问素不相识的有名的人，以访梅兰芳为第一次。"从丰子恺后来的文章中可以看出，他不仅敬重梅兰芳的艺术造诣，更敬重梅兰芳在抗战中的大义之举，敬重他的人品。

丰子恺早年并不喜欢京剧，尤其反感男扮女角，对当时的京剧名伶梅兰芳自然也毫无兴趣。后来因为女儿喜欢京剧，他也耳濡目染地发现了京剧的艺术之美。住在重庆沙坪小屋时，丰子恺的房间极为简陋，堪称家徒四壁，可墙上却贴了一张梅兰芳的留须照片。这是上海的友人从报纸上剪下寄来的。此时蓄须明志的梅兰芳，在丰子恺看来比舞台上的西施、杨贵妃更美丽，可值得敬仰。

抗战胜利后，丰子恺回到了上海。适值梅兰芳到此演出，他便买了三万元一张的高价位票，与女儿去观赏。梅兰芳在《龙凤呈祥》一剧中扮演孙夫人，看着那优美的姿态，再想到梅兰芳年龄比自己还大些，丰子恺简直有些不敢相信了。后来梅兰芳到中国大戏院续演，丰子恺又跟了过去，因为实在喜欢，竟一连看了五晚。看完戏之后，生出了拜访梅兰芳的念头，想看看梅兰芳这个"造物主特殊杰作"的本相。

颇有佛性的丰子恺感慨良多，当时梅兰芳已50多岁，再过数十年，这身材容貌，便无从保持，这实在令人惋惜。所以，他极力劝梅兰芳，希望他多录唱片，多拍有声有色的电影。但当时各方面的技术还相当有限，这样的愿望无法实现。

这两位艺术家在院子里留下多张合影，这成为他们第一次见面的珍贵纪念。

这次见面后的第二年，也就是1948年，清明过后，丰子恺带着自己两位酷爱京剧的女儿从杭州来到上海看梅兰芳的演出。丰子恺担心给梅兰芳添应酬之劳，原本是不打算拜访的。可他在看过《洛神》之后，感触良多，再加上两位女儿极为渴望见到梅兰芳，便决定第二天前去拜会。

丰子恺这次见到梅兰芳，觉得他似乎比去年还显得年轻，脸面更加丰满，头发更加青黑……而自己因留着长须，又是白发，显得要比梅兰芳老得多。随行的女儿女婿见状都忍俊不禁。丰子恺再次提到上一年的话题。其他艺术品，如书画，可以制版精印，长期流传，可戏剧中的唱功、作功，却非电影不能保存下来。梅兰芳也有此念头，但因为种种技术等方面的困难，终未实现。这使丰子恺十分惋惜。

两位艺术家又谈起了京剧的象征表现手法。梅兰芳说在莫斯科看到过投水表演，是将一块大白布，四角由人扯住摇动，表示水波，布中间开有洞，人投水便跃入洞中。梅兰芳说京剧如《打渔杀家》则不然，不须用布，只用身体上下动作就表现出水波起伏。这就是京剧的象征表现。看着身穿西服的梅兰芳做出女儿家的柔媚动作，大家都笑了起来。丰子恺由此联想，京剧里开门、骑马、摇船，只凭动作，无须道具，这样，既做了大量省略，又激发了观众的想象，这显然比添加许多实景更富有表现力。

当天，因为梅兰芳晚上还有演出，丰子恺一行只坐了一会儿就告辞了。第二天梅兰芳去丰子恺下榻的旅店回访。这使旅馆里的茶房、账房大为吃惊。他们这才知道，原来住在店里的是书画名家丰子恺，于是赶紧买来纪念册，求他题字留念。由此，丰子恺感到，京剧的影响力实在太大了，与书画、金石、雕塑、音乐、舞蹈，甚至文学等比较，要深入人心得多。普通人从戏剧中辨忠奸，修习为人，因而社会效果最突出。虽然丰子恺常被赞为“名满天下”“妇孺皆知”，可最起码，这些茶房、账房一干人认梅兰芳的比认自己的书画要多得多。

新中国建立后，梅兰芳留居北京，丰子恺每次赴京开会，总要与梅兰芳会面。1961年8月，艺术大师梅兰芳逝世，丰子恺立即写出悼念文章《梅兰芳不朽》，着重从抗战时期梅兰芳的留须照片谈起，来称颂梅兰芳的人格，认为“他的爱国精神，永远给我们以教育”。

轻财的尴尬

丰子恺是个轻财的人。早年间，匡互生这位五四运动的急先锋，潜下心来决定办教育。1925年夏天，立达学园在江湾建造新校舍，中途因经费匮乏，数次停工，匡互生便将尚未建成的校舍作抵押贷款1.5万元，再向同事们筹借钱款还贷，丰子恺为凑钱，不惜将自己的房子卖了，毁家兴学。

后来丰子恺的作品出名了，有了不错的版税和字画的润格，收入日增，但他对钱财依然没有太多的意识。以至于在准备离开家乡逃难之前，赫然发现家里居然没有现钱，除了几张暂时取不出来的存单，仅有几十元。幸亏孩子们平时有拿了生日红包不拆的习惯，这才凑出了最初的路费。

到了和平年代，丰子恺轻财的性子依然没改。1937年，丰子恺便入股开明书店，每年的定息有391块，再加上版税与润格，有了不错的收入。丰子恺自觉荷包鼓了起来，便拍拍衣兜，笑眯眯地说：“钱一多，就会在袋里哇哇叫，所以非用不可了。”

1949年春天，全家搬到上海以来，丰子恺一家的居住环境一直不太好，在福州路居住期间，丰子恺连遭肋膜炎、肺结核的侵袭，他的两个子女亦相继染上肺结核。丰家人认为这都是环境因素招致的祸事。病愈之后，丰子恺下定决心要寻一处地段好、环境佳的住所。于是，四处托人打探房源，但一连看了几处，均不合乎心意。最后，通过一个叫“沙太太”的中间人，找到了长乐村93号的一幢房子。这幢房子上下三层，使用面积约110平方米。原先的房客打算去印尼，房东也正急着寻找下家。

福州路周边嘈杂纷扰，又是旧上海有名的红灯区，丰家的孩子早就盼着搬家了。所以等不及和房东约定正式看房，幼女丰一吟就拉着姑妈去先睹为快了。

始建于1925年的长乐村是典型的新式里弄住宅，原名“凡尔登花园”，这块地皮最初归属德国侨民的乡村俱乐部。后因第一次世界大战德国战败的缘故，该处地产被法租界当局没收，又几经转手，最终落入旧上海最大的房地产商新沙逊洋行手里，其下属地产公司在那建造了联排的小洋房，并以法国地名凡尔登命名。

建造规整又闹中取静的这处住宅着实令人满意，在正式看过房子后，丰家当即支付了6000元顶费，名义上是买下前房客留下的家具及补偿其在室内装修上的花费，实则是为取得承租权。丰子恺虽自诩口袋里的钱多得“哇哇叫”了，但6000元可不是一笔小数目，靠着全家老小捐出的私房钱才算凑齐。正所谓“好事多磨”，新房的钥匙还未拿到手，1954年8月中旬，丰子恺就因患肺病住院治疗了。

等到丰子恺出院时，新房子已经腾出来了。回想起这次搬家的前前后后，丰子恺开心之余，又不免后怕：“我当初决定借内债顶下这房子时，阿宝曾劝我不要冒这险。阿宝毕竟是大女儿，办事一向谨慎。我当初没有听她的劝告，后来忽然生病入院，确实有点担心。万一我有个三长两短，叫你们背上这个包袱，况且各人的存款都已用在顶屋上。怎么办？现在幸而平安出院。今后还会有稿费收入，不要紧，不要紧。”

丰子恺幼年时就已家道中落，老家石门湾的宅子与染坊都毁于战火，祖上留下的20余亩田地，在1946年返乡时已悉数变卖。解放后，除了开明书店的那点股息，丰子恺的收入来源几乎只剩稿酬。如果丰子恺当真有个三长两短，家里的状况不堪设想。

·3·
无常就是常

李叔同在出家之前曾带丰子恺到杭州的一条陋巷里拜访了一位儒学大师马一浮。那一年丰子恺才十七八岁，还在读书，对这位身材矮胖而满面须髯的先生并不了解，只知道是个学问很深的人。李叔同告诉丰子恺说：“马先生是生而知之。假定有一个人生出来就会读书，而且每天读两本，读了就会背诵，读到马先生年纪，所读的还不及马先生多。”后来马一浮成了丰子恺的人生导师。他在一篇文章中曾这样表达对马先生的敬仰：“……往日在杭州，我的寓所是他家的近邻。然而我不常去访，去访时大都选择阴雨的天气，因恐晴天去访，打断他的诗兴或游兴。我每次从马氏门中出来似乎吸了一次新鲜空气，可以延续数天的清醒与健康……”

陋巷里面谈无常

1931年，丰子恺第二次踏进陋巷，李叔同出家成了弘一法师，丰子恺受他之托去给马一浮送印石。此时，丰子恺的母亲刚去世不久。丰子恺的父亲早亡，家中大小事宜全靠母亲一人支撑，丰子恺对母亲的感情是极深的。可想而知，此时丰子恺心中是多么悲痛，虽然当时丰子恺在文艺界已占有一席之地，但母亲的离世让他如坠深渊。“从我孩提时兼了父职抚育我到成人，而我未曾有涓埃的报答的母亲——痛恨之极，心中充满了对于无常的悲愤和疑惑。自己没有解除这悲和疑的能力，便堕入了颓唐的状态。”但有幸得到了马一浮的点拨：“他和我谈起我所作而他作序的《护生画集》，勉励我；知道我抱着风木之悲，又为我解说无常，劝慰我。其实我不须听他的话，只要望见他的颜色，已觉羞愧得无地自容了。”

通过与马一浮的交流，丰子恺心头的乱麻终于解开了。二人的这一番交谈，不仅仅令丰子恺压在心中已久的乌云消散，甚至重构了他的人生观和世界观。

马一浮送他出门，此时丰子恺已改变了看待问题的思维方式，不再局限于一隅，他的心中充满喜悦。“我走出那陋巷，看见街角上停着一辆黄包车，便不问价钱跨了上去；仰看天色晴明，决定先到采芝斋买些糖果，带到六和塔去度送这清明日。但当我晚上拖着疲倦的肢体而回到旅馆的时候，想起上午所访问的主人，热烈地感到畏敬的可爱。我准拟明天再去访他，把心中的纸包打开来给他看。但到了明朝，我的心又全被西湖的春色所占据了。”

1933年，丰子恺第三次来到陋巷，正值元月，这一回是他主动去拜访马一浮的。按照丰子恺自己的表白，此时他已“不复如前之悲愤，同时我的生活也就从颓唐中爬起来，想对‘无常’做长期的抵抗了”。这几年里，丰子恺经常把古人的诗词画作现代漫画并打算出版一本《无常画集》，对此，马一浮“欣然地指示我许多可找这种题材的佛经和诗文集，又背诵了许多佳句给我听”。然后又说，“无常就是常。无常容易画，常不容易画。”

这番话让丰子恺有茅塞顿开之感，顿时觉得马一浮把他从无常的火宅中救了出来，心中倍感清凉。

人生无常

“……佛教的要旨，被包括在这个十六字偈内：‘诸行无常，是生灭法。生灭灭已，寂灭为乐。’这里下二句是佛教所特有的人生观与宇宙观，不足为一般人道；上两句却是可使谁都承认的一般公理，就是宗教启信的出发点的‘无常之恸’。”随着时间的流逝，丰子恺对常与无常的认识更加深入，对禅意人生亦有了更深的见解。

1937年“卢沟桥事变”后，日军大举侵略中国，战争的炮火击碎了丰子恺在“缘缘堂”里的平静生活。正当丰子恺犹豫是否该离开故乡时，收到了马一浮从浙江桐庐寄来的信，信上说他已由杭州前往桐庐，并附诗《将避兵桐庐，留别杭州诸友》。丰子恺读完信和诗，觉得“有一种伟大的力，把我的心渐渐地从故乡拉开了”。此信和诗送来了一缕芬芳的气息，把笼罩在石门湾上空的厉气、杀气全都冲淡了。看了诗和信，丰子恺当即决定率全家投奔马一浮。临行前，丰子恺作诗一首：“江南春尽日西斜，血雨腥风卷落花。我有馨香携满袖，将求麟凤向天涯。”诗中把马一浮比喻成麒麟和凤凰，饱含追随之意。

于是，他带领全家冒着隆隆的炮声和敌军空袭的警报，经杭州奔桐庐。赶到桐庐已是晚上10点多钟，丰子恺打算先找一家旅馆安顿下来，哪知问了好几家，都被国民党官兵住满了，没有办法只得求助马一浮。这便有了丰子恺的散文名篇《桐庐负暄》。文中描绘极具诗情画意：“……

僮仆搬了几只椅子，捧了一把茶壶，去安放在篱门口的竹林旁边。这把茶壶我见惯了：圆而矮的紫砂茶壶，搁在方形的铜炭炉上，壶里的普海茶常常在滚。茶壶旁又一筒香烟，是请客的；马先生自己捧着水烟筒，和我们谈天。”

在马一浮家住了三天，丰子恺觉得总不是长久之计，通过朋友介绍便在离桐庐20里外的河头上又找到了一处住所。这里有一大片竹林，远处是群山，环境很是清幽。没过多少日子，马一浮搬到了汤庄，这里距丰子恺的居所仅有一里左右。与马先生住得又近了，丰子恺心中很是欢喜，隔一天便去访问一次。虽正值隆冬季节，山中却是风和日丽。两人煮茶论道，无论谈什么，世间的或出世的，马一浮都有高远的见解。

一次，丰子恺约马一浮等人到附近游山，回来的路上大家在一座亭子里小憩，忽然看见墙壁上有人用木炭题诗：“山上有好水，平地有好花，好花年年有，铜栈何足夸。”马一浮看后，说这可能是出自农夫或工人之手，但作者胸襟不同一般，值得赞扬。接着又说，诗里的“铜栈”应是“铜钱”之误，最后一句应是“铜钱何足夸”。随行的学生王星贤建议把最后一句改成“到处可为家”，马一浮说这样改也很好。丰子恺说，作者在长亭中弄斧，恰被鲁班路过看见加以斧正，这也是一段佳话呀。

丰子恺作《护生画集》第一集时，是马一浮所撰写的序言。作《护生画集》第二集时，抗日战争正到了最为严酷的年代，除了遵照李叔同当年提出的创作主张外，丰子恺也得到了马一浮文艺思想的启示。

无常为人生开拓更宽广的空间，很多苦难都因无常而重新燃起无限的希望。1938年2月9日，马一浮写给丰子恺的信中就说到：“愚意此后撰述，务望尽力发挥非战文学，为世界人道留下一线生机。目睹战祸之烈，身经乱离之苦，发为文字，必益加亲切，易感动人。”马一浮这番言论未必专指《护生画集》，但对战时文艺的创作思考，无疑是站在更高的位置。这种为人道、为公理、以杀戒杀的“慈悲”情怀深深的影响了丰子恺抗战时期的文艺创作理念，也成为他一生谨记的教诲。

·4·
不宠无惊过一生

丰子恺有一幅题为“不宠无惊过一生”的漫画作品，画面中是两位普通农妇，一人荷担，一人挽篮，徜徉于田间小路，燕子双双飞过，青草悠悠，显出一派恬淡、祥和之气。这样的情绪在丰子恺的艺术人生里一直是主旋律。

阿三带来的启示

“缘起”是佛教思想的基础，“缘起”又可表述为“因缘”，是佛教的基本教理，本义是指“诸法因缘生，诸法因缘起灭”，后引申指“起源”或“原因”。世间万物有着错综复杂的关系，佛家皆以此来解释。世界上的一切事物，大至宇宙，小至微尘，绝没有孤立存在，事物无论大小，互相之间都有着无限的相对空间和无穷的延续时间，同时，万事万物都是建立在时空的交叉点上，有着各种各样的关系。因此，佛经中讲述缘起论时，经常提到的偈颂：“此生故彼生，此灭故彼灭，此有故彼有，此无故彼无”“若见缘起便见法，若见法便见缘起”。

“因缘而起”“因缘而作”是佛教“缘起”观的基本内涵。作为一名佛门居士，丰子恺对“缘起”思想有着深刻的体悟，甚至有着特别的喜爱有关“缘起”思想的理解，在他的生活态度和文艺创作中时有体现。

丰子恺晚年写了不少回忆故乡故人的文章，其中一个人的经历给他留下了极深的印象。“我年逾七十，阅人多矣。凡是不费劳力而得来的钱，一定不受用。要举起例子来，不知多少。歪鲈婆阿三是一个突出的例子。他可给千古的人们作借鉴。”世间荣宠富贵没有长久不变的，贾氏的大观园盛极一时不过十来年，西晋巨富石崇的金谷园时间更短，而阿三把它浓缩到一个月，对于人世可说是一声响亮的警钟，一种生动的现身说法。

歪鲈婆阿三不知是哪里人，亦不详其姓氏。只因他的嘴巴长得像鲈鱼，又有些歪，因以得了这称号，人们简称他为“阿三”。阿三是个光棍，在丰家隔壁的王囡囡家豆腐店里当司务，每天穿着褴褛的衣服，坐在店门口包豆腐干。那时彩票盛行，石门湾这个小地方也不例外：

发卖彩票时，丰子恺所在的镇上有许多商店担任代售。这些商店，大概会得到一点报酬。这些商店门口都贴一张红纸，上写“头彩在此”四个字。有一天，歪鲈婆阿三走到一家糕饼店门口，店员对他说：“阿三！头彩在此！买一张去吧。”对面咸鲞店里的小麻子对阿三说：“阿三，我这一条让给你吧。我这一角洋钱情愿买香烟吃。”小麻子便取了阿三的一角洋钱，把一条彩票塞在他手里了。

就是这一角钱改变了阿三的命运。大年夜前几天，大家准备过年的时候，上海传来消息，白鸽票开彩了。歪鲈婆阿三的一条，正中头彩，立刻到手了五百块大洋。那时一担米价值二元半，五百元就是二百担米，阿三顿时从穷光蛋变成了富翁。咸鲞店里的小麻子听到了这消息，用手在自己的麻脸上重重地打了三下，骂了几声“穷鬼！”

阿三是个光棍，不过马上就有人“招亲”了，此人便是镇上有名的私娼俞秀英。俞秀英平日接待的客人全都是有钱的公子哥儿，豆腐司务是轮不到的，但此时阿三忽然被看中了。俞秀英立刻在她家里雇起四个裁缝司务来，替阿三做花缎袍子和马褂。四个裁缝司务日夜赶工，工钱加倍，只为让阿三在年初一务必穿起新衣服。

到了年初一，歪鲈婆阿三穿了一身花缎皮袍皮褂，卷起了衣袖，在街上东来西去，大吃大喝，滥赌滥用。几个穷汉追随他，问他要钱，他一摸总是两三块银洋。有的人称他“三兄”“三先生”“三相公”，他的赏赐更丰。那天丰子恺也上街了，回家后将见闻告诉了母亲。正好豆腐店的主妇定四娘娘在丰家闲谈。丰母对定四娘娘说：“把阿三脱下来的旧衣裳保存好，过几天他还是要穿的。”果然，正月快过完了，歪鲈婆阿三又穿起原来的旧衣裳，仍旧坐在店门口包豆腐干，只是一个崭新的皮帽子还戴在头上。

别人笑阿三没出息，五百元大洋足够开个小买卖再讨房媳妇了，可现在阿三依然一无所有。阿三就像没听见一般，仍自顾自地包着豆腐干。

以“缘起”关照人生

在生活中，丰子恺以佛教的“缘起”思想关照人生，培养处世的态度。丰子恺将自己在家乡的寓所，命名为“缘缘堂”，门口悬挂由马一浮先生执笔撰写的对联“能缘所缘本一体，收入鸿蒙入双眦”。尽管其中不乏机缘巧合之说，但也从一个侧面反映了丰子恺对于佛教“缘起”思想的独特体悟。丰子恺将自己的散文集命名为《缘缘堂随笔》，记录自己在寓所内的生活，表达自己对世间诸多事物的所思所想。

生活中的细微点滴，都折射出了丰子恺随缘自在的心态，以及佛教精神对他的影响。生活中的丰子恺，就是这样以佛教“缘起”思想，来“破执”“脱俗”，提炼人格，净化心灵。

从佛教“缘起”论衍生出的“诸行无常”“诸法无我”“一切皆苦”等理念，在丰子恺的创作中都有体现。

丰子恺常以佛教思想为切入点，思考人生的各种现象和疑惑，并以此为文艺创作的素材，在随笔《渐》《无常之恸》《大账簿》《陋巷》《家》《一饭之恩》等文章中，对于人生、社会、民族命运等问题的思考，都流露出了佛教思想对他的影响。

写于抗日战争期间的《一饭之恩》是一个很好的代表，丰子恺在文中说：“现在我们中国正在受暴敌的侵略，好比一个人正在受病菌的侵扰而害着大病。大病中要服剧烈的药，才可制服病菌，挽回生命。抗战就是一种剧烈的药。然而这种药只能暂用，不可常服。等到病菌已杀，病体渐渐复元的时候，必须改吃补品和粥饭，方可完全恢复健康。补品和粥饭是什么呢？就是以和平，幸福，博爱，护生为旨的‘艺术’。”“我们为什么要‘杀敌’？因为敌不讲公道，侵略我国；违背人道，荼毒生灵，所以要‘杀’。故我们是为公理而抗战，为正义而抗战，为人道而抗战，为和平而抗战。我们是‘以杀止杀’，不是鼓励杀生。我们是为护生而抗战。”

“为护生而抗战”正是丰子恺思想的独特之处，显然要比当时大多数仅停留在宣传、鼓动层面的抗战文学更为深刻、冷静，因此具有更加持久的艺术魅力。这一切与丰子恺恬淡、祥和的人生主旋律是分不开的。

·5·

禅意人生，禅外阅世

丰子恺虽皈依佛教，但是以一个现代知识分子的态度来对待佛教的，并没有将佛教上升到信仰的层面，而是将佛教作为一种知识和智慧。当他对现实世界中的人和事有所不满，总是以佛教思想对其展开批判。这就使得他的散文在批判现实的时候，呈现出与同时代作家截然不同的面貌。

用艺术、宗教剪破“世网”

散文《剪网》的缘起十分简单，丰子恺的大娘舅去上海玩，见识到了好多新鲜的东西，不过在上海那样的大都市花钱也很快，于是大娘舅说“白相真开心，但是一想起铜钱就不开心”。出去玩很愉快但想到开销又心疼了，类似这样的体验想必绝大多数的人都有过，而丰子恺却能就此写出篇文章来。丰子恺首先谈到自己与此相似的体验：

我每逢坐船，乘车，买物，不想起钱的时候总觉得人生很有意义，对于制造者的工人与提供者的商人很可感谢。但是一想起钱的一种交换条件，就减杀了一大半的趣味。教书也是如此：同一班青年或儿童一起研究，为一班青年或儿童讲一点学问，何等有意义，何等欢喜！但是听到命令式的上课铃与下课铃，做到军队式的“点名”，想到商买式的“薪水”，精神就不快起来，对于“上课”的一事就厌恶起来。这与大娘舅的白相大世界情形完全相同。

钱很容易限制或减小事物的价值，譬如像丰子恺的大娘舅所说：“共和厅里的一壶茶要两角钱，看一看狮子要二十个铜板。”规定了事物的价值，这事物的意义就受到了限制，共和厅里喝一壶茶等于喝两角钱，看狮子不外乎是看二十个铜板了。然而实际共和厅里的茶对于饮者，与狮子对于观者，趣味远大于钱。所以倘用估价钱的眼光来看事物，世间所见的就只有钱，而看不到其他的意义，于是一切事物的意义就被减小了。“价钱”，使事物与钱发生了关系。

于是丰子恺得出结论：“可知世间其他一切的‘关系’，都是足以妨碍事物的本身的存在的真意义的。故我们倘要认识事物本身存在的真意义，就非撤去其对于世间的一切关系不可。”之后又说，“倘能常常不想起世间一切的关系而在这世界里做人，其一生一定更多欢慰。”“我仿佛看见这世间有一个极大而极复杂的网，大大小小的一切事物，都被牢结在这网中，所以我想把握某一种事物的时候，总要牵动无数的线，带出无数别的事物来，使得本物不能孤独地明晰地显现在我的眼前，因之永远不能看见世界的真相。”最后，丰子恺在结尾时写道：“艺术、宗教，就是我想找求来剪破这‘世网’的剪刀吧！”

生活中的人们身陷大网之中而不自知，永远无法看到世界的真相，丰子恺主张用艺术、宗教的剪刀剪破这个大网。可见宗教已经成为他批判社会的思想武器。这样一来，他就与当时主张通过阶级斗争来改造世界的左翼文学拉开了距离。

不乱于心，不困于情

同样的思想在丰子恺其他作品中也有体现。在《从孩子得到的启示》中他这样说：“我今晚受了这孩子的启示了：他能撤去世间事物的因果关系的网，看见事物的本身的真相。他是创造者，能赋给生命于一切的事物。他们是‘艺术’的国土的主人。”在《大帐簿》中，他这样批判“大众”：“我参考大众的态度，看他们似乎全然不想起这类的事，饭吃在肚里，钱进入袋里，就天下太平，梦也不做一个。”

按照佛教的说法，人生的一切痛苦都源于个人对事物本性的根本无知。宇宙的一切都是心的表现，所以是虚幻的、暂时的，可是无知的个人还是渴求它们，迷恋它们。这种根本无知，就是“无明”。若要彻底摆脱生死轮回的痛苦，就必须从“无明”走向“觉悟”。丰子恺虽然会用佛家思想来批判世俗，却并没有宣扬佛教教义，可见他并不希望人们都弃绝现实社会，走向“觉悟”，只是想帮助人们摆脱日常生活的蝇营狗苟，多追求一些精神上的超越。正是基于这一点，有不少学者认为，丰子恺是以出世的精神来入世，借佛学来改造人类的生存状态。

无论丰子恺如何理解佛教，他始终没能做到弃绝现实，反而在红尘中发掘出无穷的趣味。

·6·

心小了，所有的小事就大了

在佛家看来，众生为无常所累，不能主宰自我，而佛教的宗旨就是教导芸芸众生认识世间苦，以及求得解脱这世间苦的根本途径。置身于五四浪潮中的丰子恺，原本就是一位善良温慈、至诚至性之人，满怀怜悯与同情，而且五四新文学以来一直强调个性解放精神所富含的人道主义精髓，再加上又受李叔同、夏丏尊、马一浮等人生导师的熏染，使得他的作品中充满了众生平等、戒杀护生、长养仁爱的人道主义情怀。

众生平等皆可爱

佛教的基本观念是众生平等。笃信佛教的丰子恺本着一颗艺术家特有的同情心，对世间生物抱着平等慈悲的情怀，与人交往时，不受贫富和等级的限制，都是发自内心的。

丰子恺在故乡有一位远房长辈，为人正直，生活清寒。丰子恺得知后，便每月定期汇钱给他作为赡养费，持续了十余年从未间断，直到这位老人家去世。

丰子恺家人口多杂事多，一直都有雇佣保姆。虽是名满天下的艺术家，但对待家中的保姆，丰子恺可是一点也没有架子的。他自己从来不要保姆伺候，叠床铺被，收拾房间，都是亲自动手，他还主动关心保姆的生活。凡来丰家做保姆的都非常喜欢留在这里，除非是丰子恺一家迁居到别的城市，或者她自己家中有事必须辞职。

有一位保姆在丰家做了17年之久，她与丰子恺是同乡，回老家时总是对乡亲们说："先生待我这样好，我是今生今世难忘的。"丰子恺得知她患上了高血压后，马上叫她每天午睡，还包下了她的一切医药费。这位保姆在"文革"期间因中风去世，那时丰子恺自己身体也不好，可还是为她租用了殡仪馆的半面大厅来举行遗体告别仪式。

讲到保姆，丰子恺的一句话给子女留下很深的印象。他说："人家抛弃了自己的家庭来为我们服务，我们要把她当自己人！"

不仅对人，对动物甚至一些无生命的东西，丰子恺也能以人道主义的情感把它们放在平等的地位上看待。

《蜜蜂》一文中，面对"为了生活也须碰到这许多钉子"的蜜蜂，丰子恺想尽办法为其谋求生路；遇到被孩子们捉回放在洋瓷面盆里的蝌蚪，他"看见眼前这盆玲珑活泼的小动物忽然变成了苦闷的象征"，而决计劝说孩子们"送它们回家——拿去倒在田里"。

教育子女从点滴做起

丰子恺曾说："教养孩子的方法很简便。教养孩子，只要教他永远做孩子，即永远不使失却其孩子之心。"

丰子恺给儿女们灌输的种种教育，其中之一便是"爱的教育"。意大利作家亚米契斯所著，由恩师夏丏尊翻译的《爱的教育》这本书很好，丰子恺便以它当作课本，给孩子们读。全书以爱贯穿，教孩子们要热爱祖国，敬爱尊长，助人为乐，平等待人。丰子恺的儿女们正是在这样的环境中成长的。

据丰子恺的幼女回忆，自己小时候对踩死蚂蚁并不当一回事，有一回被父亲看见了，他连忙阻止，并对女儿说："蚂蚁也有家，也有爸爸妈妈在等他。你踩死了他，他爸爸妈妈要哭了。"她的姐姐哥哥们碰到蚂蚁搬家，不但不去伤害它们，还用一些小凳子放在蚂蚁搬家的路上，自己像交通警那样劝请行人绕道行走。于是她也就学着这样干了。这便是"护生"。丰子恺是佛教徒，但他劝孩子们不要踩死蚂蚁，不是为了讲什么"积德""报应"，也不是为了要保护世间的蚂蚁，而是要从小培养孩子的善心。他说，如果丧失了这颗心，今天可以一脚踩死数百只蚂蚁，将来发展起来，便可能会变成侵略者，去虐杀无辜的老百姓。

这种关爱众生的人道思想，如清泉般涓涓流淌于丰子恺的作品之中，也流淌在他的生命之中。

·7·
劫难与达观，童真与豁达

丰子恺的性格温和，处世不急不躁，他的文章漫画中鲜少讽刺，给人感觉应该是没经过什么磨难的。其实早在青少年时期，丰子恺就经历了许多曲折，虽然不愁吃喝，也有学上有书读，但家境衰落，母亲的艰难他全看在眼里。然而在他晚年回忆故乡往事的文章中，我们丝毫看不到怨怼。

充满曲折的青少年时代

丰子恺的父亲是石门湾的大名人，是清朝的最后一科举人。丰子恺小时候，佣人带他去看戏，抱他回家的路上，骄傲地说："石门湾里没有第二个老爷，只有丰家里是老爷，你大起来也做老爷，丰老爷！"

丰子恺的祖父名丰肇庆，又名小康，排行第八，在镇的后河西岸边开设一间染坊，叫"丰同裕"。丰子恺的祖父死得早，祖母沈氏一人拉扯着两个儿女。染坊店的生意并不大，工人也只有五六人，收入虽然不多，但加上还有十来亩薄田，维持一家人的生活还是绰绰有余的。沈氏能识文断字，是个很有主见的女人。她喜欢听戏，甚至还请了人在家教儿女学唱戏。唱戏是下九流的事，书香门第怎么能做这种丢脸的事？不说本族的人，就连外人都在背后嘀嘀咕咕。

祖母沈氏性情豁达而好强，她对别人的闲言闲语根本不在乎，只盼望儿子能考中举人光耀门楣。她常对人说："坟上不立旗杆，我是不去的"。丰子恺在《中举人》一文说："那时定例：中举人，祖坟上可以立两个旗杆。中了举人，不但家族亲戚都体面，连已死的祖宗也光荣。祖母定要立了旗杆才到坟上，就是要我父亲在她生前中举人。"

丰父三次应试都未中举，眼看着母亲沈氏日渐衰老，而自己却学业无成。落第的打击使他难免郁郁寡欢，除了在家继续读书用功，也常常以酒和鸦片聊以自慰。在36岁那年，丰父终于中举， 然而他的喜悦早在漫长的等待中消磨殆尽了。原本病重的沈氏听闻喜讯一下子精神起来，但没过多久终于还是离世了。丰家在很短的时间内经历了从大喜到大悲。

因为废科举办学堂，丰父没能做官，只好在家开设私塾。丰父42岁死于肺部感染，只留下薄田数亩和一间不景气的燃放点，这下丰家的处境更加艰难了。

丰子恺投考中学时，丰母本希望他能去商业学校，因为毕业后能去银行工作，早点独立。但丰子恺还是遵从内心的选择去了师范学校，而且因为热爱绘画荒废了教育课程，所以也做不成小学教员，于是只得去上海求职。生活的艰辛使丰子恺饱览了人间的酸甜苦辣，深感时事无常。

达观视界

20世纪初，中国的政治局势动荡不安，中西文化激烈交锋，整个国家与人民都经历着从传统向现代的剧变。这种剧变渗透在那个时代的方方面面，无数的个体经历亦随之起起伏伏。丰子恺对艺术、宗教、教育等方面的所思所想，在那样的历史大背景下，同时也展现了一个20世纪上半叶的文化中国。我们可以看到，无论时势如何，自身的境遇如何，丰子恺都以一种温和的方式，用简单的笔触表达生活中最平常的美，表达着对众生的关切。

一些中外学者认为，20世纪上半叶的中国文化有一个严重的缺失，即“同情心的缺失”。

然而丰子恺的艺术正具备一种“同情之心”，其作品传递出的价值的理念，这种永恒的美好情感恰恰是当时中国所欠缺也最急需的。可以说，丰子恺即便在动荡不安、颠沛流离中依然保有着可贵的同情之心，譬如儿子瞻瞻把战争中的逃难当成最好玩的事，因为可以坐船，很多人一起很热闹，丰子恺对此深表认同。因其作品独有一种儿童的纯真和佛家的至善，他的艺术也由此达到大美的境界。

丰子恺一直倡导美对人格的完善，他说：“艺术不仅仅是技能与技艺，而且是人们表达超验世界的一种崇高活动，在捕捉美的过程中，灵魂之眼比身体之眼更为重要。”同时他也认为，在真善美的追求中，美更具重要性。通过对丰子恺文学和艺术作品的研究，我们会发现，他表达出来的“美”正是通过用灵魂之眼看到的“真”和“善”来实现的：“真”是儿童的纯真，“善”是佛家的至善，这样的价值观在丰子恺的艺术表达中分外明显。

丰子恺虽然是近代著名的艺术家，但我们必须承认，他并非最重要、最突出的。丰子恺最广为人知的要算他充满童趣的儿童漫画，然而这似乎也难登大雅之堂。可在那个劫难重重的年代，他的豁达、温情又是极其难能可贵的。

·8·
慢生活：从前那么慢，那么美

丰子恺在接受音乐、美术方面的西洋新鲜理论和崭新的文化思潮时，也接受了传统日本文化中的精华。他对夏目漱石推崇备至，认为夏目是真正有资格套上“艺术家”帽子的人。丰子恺认为夏目与自己在精神上有许多契合之处，有文艺上的，也有人生哲理上的。对“慢”的向往就是其中之一。

对旧式生活的怀恋

“像火车那样足以代表20世纪文明的东西，恐怕没有了。把几百个人装在同样的箱子里蓦然地拉走，毫不留情。被装进箱子里的许多人，必须大家用同样的速度奔向同一车站，同样地熏沐蒸汽的恩泽。别人都说乘火车，我说是装进火车里。别人都说乘了火车走，我说被火车搬运。像火车那样蔑视个性的东西是没有的了。”夏目漱石的这段文字，表达的是对所谓“20世纪文明”产物的憎恶，他尤其痛恨火车，觉得那是扼杀人类个性的可恶存在。

丰子恺对于夏目漱石的重视个性、嫌恶物质文明的态度是颇为赞赏，而他自己也正是这样做的。从石门湾到杭州，本可以坐一小时轮船，乘一小时火车，但他常常选择坐客船，走运河，在塘栖过夜，走一路要花费两三个小时，上岸还要坐黄包车回杭州的寓所。丰子恺舍近求远，多费旅资，为的是客船的讲究，装备甚好；为的是塘栖的酒店；也为塘栖的枇杷；更为塘栖的“下雨淋勿着”。在《塘栖》的结尾处，丰子恺又说：“我谢绝了20世纪的文明产物的火车，不惜工本地坐客船到杭州，实在并非顽固。知我者，其唯夏目漱石乎？”

丰子恺出生于1898年，于1975年逝世，一生大部分时间都生活在20世纪。在他生活的时代里，中国开始与世界接轨，也有了许多里程碑式的发进步。丰子恺在十六七岁去杭州投考中等学校时，第一次乘坐了火车。之前听人说“火车厉害得很，走在铁路上的人，一不小心，身体就被碾做两段”。还有人告诉他：“火车快得邪气，坐在车中，望见窗外的电线木如同栅栏一样。”当时，社会的节奏随着物质文明的进步已经加快了。丰子恺并不排斥现代文明，也不拒绝享受类似火车的现代文明产物，但就交通工具而言，他却对航船情有独钟。

20世纪30年代，丰子恺时常要在杭州、石门湾之间往返，他大多选择慢悠悠的航船作为交通工具。这种木制的航船也称客船，在以水上交通为主的时代里，船内装备齐整，分为船梢、船舱、船头三个部分，都有板壁小门隔开。船梢在后面，是摇船、烧饭和置放油盐酱醋的地方，与船舱相接的地方，有精致的小碗橱，可以把吃不完的小菜放在这里。船舱是客人坐的地方，舒适讲究，设有榻、桌以及小巧的椅子，左右两旁各有几个玻璃窗，两侧板壁上还嵌着精致的书画镜框，布置得很是雅致。在白天的航行中，客人们在船舱里可以聊天，可以欣赏运河两岸农舍田园风光。晚上，稍加整理，船舱里就可以打四席铺，三四人睡在客舱里一点都不觉得挤，而且睡在航船里，随着河水波动而轻轻摇晃，即使失眠的人也会安然入睡。

从石门湾沿运河坐船到杭州，早上出发，经过福严寺、崇福、大麻、博陆、五杭，到塘栖时，正好太阳落山，客船就在塘栖镇上的运河里过夜。丰子恺直到晚年还记得自己当年悠闲的慢生活，他说："吃过早饭，把被褥用品送进船内，从容开船。凭空闲眺两岸景色，自得其乐。中午，船家送出酒饭来，傍晚到达塘栖，我就上岸去吃酒了。"第二天，如果有兴致还可以在塘栖玩一天，赶上春末，买些塘栖土产——白沙枇杷。丰子恺回忆说："我买些白沙枇杷，回到船里，分些给船娘，然后自吃。"次日，客船再沿运河，经过梁山坟一直摇到杭州横河桥上岸，然后坐上人力黄包车，拉到市中心的田家园寓所。本来二三个小时就可以到达的旅程，丰子恺却偏要坐船去，花上二三天时间，只为心中的情趣。

慢之美

丰子恺坐船路过塘栖，船泊在小杂货店门口的运河里，每次从客船的小窗里看出去，总看到一位中年妇女正忙碌地“打绵线”，漫画《三娘娘》就是以此创作的。他在一篇文章中记录了当时的情景：

我的船停泊在小桥墩的小杂货店的门口，已经三天了。每次从船舱的玻璃窗中向岸上眺望，必然看见那小杂货店里有一位中年以上的妇女坐在凳子上“打绵线”。后来看得烂熟，不经写生，拿着铅笔便能随时背摹其状。我从她的样子上推想她的名字大约是三娘娘。就这样假定。

从船舱的玻璃窗中望去，三娘娘家的杂货店只有一个板橱和一只板桌。板橱内陈列着草纸，蚊虫香和香烟等。板桌上排列着四五个玻璃瓶，瓶内盛着花生米糖果等。还有一只黑猫，有时也并列在玻璃瓶旁。难得有一个老人或一个青年在这店里出现，常见的只有三娘娘一人。但我从未见过有人来过三娘娘的店里买物。每次眺望，总见她坐在板桌旁边的独人凳上，打绵线。

三娘娘为加快工作的速度，扭的绵线特别长，要两手向上攀得无法再高，锤子向下挂得比她的小脚尖还低，方才收卷。线长了，收卷的时候两臂非极度向左右张开不可。看她一挂一卷，手臂的动作非常辛苦，费时不到一分钟。假如她每天打绵线八小时，统计起来，她的手臂每天要攀高五六百次，张开五六百次。就算她每天赚得十分铜板，她的手臂要攀五六十次，张五六十次，还要扭五六十通，方得一个铜板的酬报。一只黑猫端坐在她面前，静悄悄地注视她手里的活计，仿佛在心里默默数着她手臂动作的次数。

有一次，丰子恺所乘的客船泊在一个塘路边运河里休息，丰子恺躺在客舱里看书，忽然从客船的窗口向外看出去，刚好看到岸上杂货店边草地上停着一副剃头担。开始，剃头司务坐在凳子上独自吸烟。一会儿有客人来了，就将凳子让给客人坐了。剃头司务给坐着的客人披上白布，然后忽左忽右，忽前忽后地给他剃头。这让躺在船舱里休息的丰子恺有了灵感，他一会儿把剃头司务想象成雕刻家，一会儿觉得像屠户正在杀猪，再想想又好像是病人在求医，罪人在受刑……想来想去，愈发觉得有趣，丰子恺便即兴画了一幅《野外理发处》：

我想把船窗中这幅图画移到纸上。起身取出速写簿，拿了铅笔等候着。等到妥贴的位置出现，便写了一幅，放在船中的小桌子上，自己批评且修改。这被剃头者全身蒙着白布，肢体不分，好似一个雪菩萨。幸而白布下端的左边露出凳子的脚，调剂了这一大块空白的寂寞。又全靠这凳脚与右边的剃头担子相对照，稳固了全图的基础。凳脚原来只露一只，为了它在图中具有上述的两大效用，我擅把两脚都画出了。我又在凳脚的旁边，白布的下端，擅自添上一朵墨，当作被剃头者的黑裤的露出部分。我以为有了这一朵墨，白布愈加显见其白；剃头司务的鞋子的黑在画的下端不致孤独。而为全图的主眼的一大块黑色——剃头司务的背心——亦得分布其同类色于画的左下角，可以增进全图的统调。为求这黑色的统调，我的签字须写得特别粗大些。

这些从船舱里看到的事物为他带来了收获，而高速行驶的火车要功利得多，自然不会有这样的乐趣。如今我们的生活节奏越来越快，被压得透不过气的现代愈发知道“慢”的好处了。像丰子恺这般充满艺术情趣的慢生活，更是难能可贵。

NO.8

既然没有净土，不如静心

——丰子恺谈佛性人生

在现当代历史上，破除迷信、提倡科学，是一个重要主题，而宗教则被视为“精神鸦片”。然而丰子恺却以出世的精神来入世，希望以佛学来改变国人的精神面貌与生存状态。红尘中没有净土，但我们还可以静心。

·1·

佛无灵：对佛不可做买卖

丰子恺早年归依佛门，法号婴行。1938年他写下了文章《佛无灵》，一方面阐释了佛家戒杀护生的观点；另一方面又表明学佛不是封建迷信，更不是靠烧香磕头来和佛做交易的。丰子恺痛斥了混进佛教队伍中的一些假慈悲、假仁义之徒，嘲讽了那些以为只要吃素、放生、念佛、诵经即可免灾长寿得好报的所谓“信佛”之徒，并表示“我不屑与他们为伍”。

众生浩劫佛无灵

日军轰炸石门湾后，丰家匆匆从“缘缘堂”逃离，避居萍乡时，他得到同乡某君从上海寄来的信。信中说“缘缘堂”被日军的烧夷弹烧毁了，内有诗云：“见语缘缘堂亦毁，众生浩劫佛无灵。”第二句下面注明这是丰子恺的老姑母所说。“缘缘堂”烧毁被归结为“佛无灵”，这让丰子恺有些反感。

这句话出于老姑母之口，入于某君之诗，也是正常的。丰子恺的不满，并非针对某君，更不是批评老姑母，而是既叹一般人对于“佛”的误解。某君和老姑母并不信佛，他们是按照一般所谓信佛的人的心理而说这话的。

丰子恺认为“真正信佛，应该理解佛陀四大皆空之义，而屏除私利；

应该体会佛陀的物我一体，广大慈悲之心，而护爱群生”。如果前面的境界太高难以达到，至少也应知道亲亲而仁民，仁民而爱物之道。爱物并非爱惜物的本身，乃是爱人的一种基本练习，否则就会成为“今恩足以及禽兽而功不至于百姓”的齐王。一些号称信佛行善的人，对物极为爱惜好像真是菩萨心肠，对每天耳闻目睹的人间伤痛却漠不关心，可谓循流忘源，见小失大，本末颠倒。这种唯利是图的人并不是真的信佛，只是希望以此换得佛祖的庇护与帮助，就像做买卖一样。对此，丰子恺说：“真是此间一等愚痴的人，不应该称为佛徒，应该称之为反‘佛徒’。”

因为世间有很多这种“只想与佛做买卖”的人，所以老姑母见信佛的丰子恺房子被烧了，要说“佛无灵”的话。而某君要把这句话写进信中，大概是觉得丰子恺吃素又作《护生集》，这等于花了一笔大本钱，拿着这么大的本钱“同佛做买卖”所获的利，至少应该是别人的房子都烧了而他的房子毫无损失。丰子恺又说：“便宜一点，应该是我不必逃避，而敌人的炸弹会避开我；或竟是我做汉奸发财，再添造几间新房子和妻子享用，正规军都不得罪我。今我没有得到这些利益，只落得家破人亡（流亡也），全家十口飘零在五千里外，在他们看来，这笔生意大蚀其本！”以这样的观点来看，与佛“做交易”的确不划算，难怪要被骂“无灵”了。

其实在丰子恺看来，他非但没有蚀本，反而得了便宜。他用一栋房子换来了古人所谓“所欲有甚于生者”的宝贵东西。与其不得这个东西而生，宁愿得这个东西而死，因为这东西比“生”更为贵重。这就是“不做亡国奴”和“抗敌救国”。

反对封建迷信

丰子恺认为，真正的佛教徒寻求的是心灵的净化与精神上的超脱，那些汲汲营营于自身利益的迷信者并不是真的信佛。他曾画过一幅漫画，名为《戒刀禅杖齐着力》，画面中的两个和尚一个持戒刀一个提禅杖，正将一个身上写着“迷信”二字的恶鬼赶出山门。如果只想以烧香磕头来做交易，那又何止佛无灵呢？丰子恺在《元帅菩萨》一文里也表达了对封建迷信的反感。

在丰子恺故乡石门湾的南市有一座香火很盛的庙，叫作元帅庙。正月初一等着烧头香的人，半夜里拿着香烛，站在庙门口等开门。据说烧得到头香，菩萨会保佑的。每年五月十四，有排场盛大的元帅菩萨迎会。大人见到元帅菩萨的轿子都合掌作揖，才五六岁的丰子恺不懂作揖，却喊道：“元帅菩萨的眼睛会动的！”大人们连忙掩住他的口，教他作揖。

第二天，年幼的丰子恺突然病了，大家都说是因为昨天的话得罪了菩萨。丰子恺的母亲连忙到元帅庙里去上香叩头，并虔诚地许了愿。丰子恺的父亲是个有文化的人，不信那套，便请医生来看病。医生诊断为惊风，给丰子恺吃了一颗丸药就好了。但大家不相信医生的医术，都说是母亲去许愿之故。后来丰家办了猪头三牲，感谢菩萨并还了愿。

类似这样的事还有很多，所以这元帅庙里香火极盛，每年收入甚丰。庙里有两个贪得无厌的庙祝，他们对此还不满足，便想出一个奸计来扩大做生意。某年迎会前一天，照例祭神。庙祝预先买嘱一流氓，教他在祭时大骂“菩萨无灵，泥塑木雕”，同时取食神前的酒肉，然后假装肚痛，伏地求饶。如此，每月来领银洋若干元。流氓同意了，一切照办。岂知酒一下肚，立刻七孔流血，死在神前。原来庙祝已在酒中放入砒霜，有意毒死这流氓来大做广告。远近闻讯，都来看视，大家宣传菩萨的威灵。于是元帅庙的香火大盛，两个庙祝大发其财。后来为了分赃不均，两人争执起来，泄露了这阴谋，被官警捉去法办，两人都被杀了头。

信仰不等于迷信，迷信产生于愚昧、无知和盲信，而信仰表达的是对无限和永恒的追求、对终极的关切、对超自然的敬畏和追随、对拯救和解脱的渴求、对彼岸世界的向往……理性信仰，不要依赖迷信，这对今天的我们仍有教育意义。

·2·

洒脱人生，吃素吃荤是小事

丰子恺的父亲因为生理原因，不吃猪、牛、羊，因为吃了会恶心，丰子恺也是生理性吃素，他说自己“除了幼时吃过火腿以外，平生不知任何种鲜肉味，吃下鲜肉要呕吐”。据丰子恺的女儿说：“有不少人以为我父亲是吃常素的，理由是他画过六册《护生画集》，提倡爱护动物，不杀生。父亲确实吃过一段时间的素，但后来就开荤了。他对荤菜有所选择，只吃鱼虾蟹蛋鸡鸭之类，不吃猪、牛、羊肉。好像他不吃四条腿似的，其实也是偶然。”

嗜蟹

丰子恺爱吃蟹，这可能是受了父亲的影响。丰子恺的父亲喜欢吃鱼、虾之类，尤其喜欢吃蟹，晚酌时他偶尔会给丰子恺一只蟹脚或半块豆腐干，丰子恺觉得美味极了。在天井角落里的缸里，总养着十来只蟹。到了七夕、七月半、中秋、重阳等节候上，缸里的蟹就满了，那时全家就都有得吃了，每人能吃到一大只或一只半。吃蟹的乐趣在中秋那天是最浓的。丰家的中秋夜宴原是为了丰父嗜蟹，以吃蟹为中心而举行的。所以这样的夜宴，并不仅限于中秋，有蟹的节季里，无端也要举行数次，只不过会少吃一点，有时两人分吃一只。

丰父把吃蟹看成是风雅之事，不仅肉剥得干净，壳也完整。丰家子女吃蟹的本领都是跟父亲学的，肉剥得很精细，剥出来后不立刻吃，都积受在蟹斗里，剥完之后，放一点姜醋，拌一拌，就作为下饭的菜，此外没有别的菜了。因为丰父说蟹是至味，吃蟹时混吃别的菜肴，是乏味的。

长大以后丰子恺还是爱吃蟹，而且仍然吃得干干净净。他说："既然杀了这只蟹，就要吃得干净，才对得起它！"好像是为自己的吃蟹行为做辩护，也可能是对内疚的补偿。丰子恺老年装了假牙以后，蟹钳咬不动了，可仍不能放下对蟹的热爱。在家里还可以用榔头敲敲，到外面去吃蟹就不行了。在杭州时，有一次他到王宝和酒店去吃蟹酒，女儿丰一吟陪在一旁，便让女儿替他咬蟹钳。丰一吟向来不吃虾蟹，而且很害怕，但父命难违，只得屏住呼吸勉为其难地替他咬了。之后丰一吟曾几次问父亲，煮蟹的时候是很残忍，为什么还爱吃呢？丰子恺点点头，承认是那么回事，但他无可奈何地说："口腹之欲，无可奈何啊！"接着又补说一句："单凭这一点，我就和弘一大师有天壤之别了。所以他能爬上三楼，而我只能待在二楼向三楼望望。"（笔者注：第一层是物质生活，第二层是精神生活，第三层是灵魂生活）

吃荤吃素无关大体

丰子恺曾从弘一法师学佛，并且戒酒、吃素，接触了不少所谓“信佛”的人。但是这些将丰子恺引为同志的人，却令丰子恺懊悔自己吃素，还说“我不屑与他们为伍”。但那些人以为丰子恺同他们一样，是为求利才吃素的。

这班人多数自私自利，丰子恺说他们“非但完全不解佛的广大慈悲的精神，其我利自私之欲比所谓不信佛的人深得多！他们的念佛吃素，全为求私人的幸福。好比商人拿本钱去求利。又好比敌国的俘虏背弃了他们的伙伴，向我军官跪喊‘老爷饶命’，以求我军的优待一样”。丰子恺不是反对为求人生幸福而信佛，而是看不起“只求自己一人一家的幸福而不顾他人”的人。这种人得了小便宜就津津乐道，说受了佛佑，受了些小损失就怨天尤人，叹“佛无灵”，真是“阿弥陀佛，罪过罪过”！他们平日都吃素、放生、念佛、诵经都是有目的的：

他们吃一天素，希望比吃十天鱼肉更大的报酬。他们放一条蛇，希望活一百岁。他们念佛诵经，希望个个字成金钱。这些人从佛堂里散出来，说的统是果报：某人常年吃素，邻家都烧光了，他家毫无损失。某人念《金刚经》，强盗洗劫时独不抢他的。某人无子，信佛后一索得男。某人痔疮发，念了“大慈大悲观世音菩萨”，痔疮立刻断根。…… 此外没有一句真正关于佛法的话。这完全是同佛做买卖，靠佛图利，吃佛饭。这真是所谓“群居终日，言不及义，好行小惠，难矣哉！”

丰子恺有一段时间也曾戒荤吃素，但他认为吃荤吃素只是小事，无关大体。丰子恺曾作《护生画集》，劝人戒杀。但他的护生之旨是护心，不杀蚂蚁非为爱惜蚂蚁之命，乃为爱护自己的心，使勿养成残忍。他所谓吃荤吃素无关大体，也是同样的意思。

浅见的人，执着小体，斤斤计较：洋蜡烛用兽脂做，故不宜点；猫要吃老鼠，故不宜养；没有雄鸡交合而生的蛋可以吃得。…… 这样地钻进牛角尖里去，真是可笑。若不顾小失大，能以爱物之心爱人，原也无妨，让他们钻进牛角尖里碰钉子吧。但这些人往往自私自利，有我无人；又往往以此做买卖，靠此图利，靠此吃饭，亵渎佛法，非常可恶。这些人简直是一种疯子，一种惹人讨嫌的人。所以我瞧他们不起，我懊悔自己吃素，我不屑与他们为伍。

在食素期间，丰子恺听到了很多质疑的声音。低级的反对者以为“吃长素”是迷信的老太婆的事，是消极的落伍的行为。较高级的反对者有两派，一是根据实利的，一是根据理论的。前者以为吃素营养不足，出门不便利；后者以为一滴水中有无数微生物，吃素的人都是掩耳盗铃，又以为动物的供食用合于天演淘汰之理，全世界人不食肉时禽兽将充斥世界为人祸害；而持杀戒者，不杀害虫，尤为科学时代功利主义的信徒所反对。对于这两种反对者，丰子恺都会感谢他们的好意，并设法解释。他讨厌的是“浅薄的功利主义信徒的攻击似的反对”，对于这种人他是不屑置辩的。

关于素食与否的问题，当代高僧星云大师也有高论：“素食是一种生活习惯，吃素的重点并不在于吃菜或吃肉，拥有‘素心’，心能清净、慈悲才是最重要。”没有“素心”，素食也是没有意义的。在《素食以后》一文的最后，丰子恺说：“我虽不劝大家素食，我国素食的人近来似乎日渐多起来了。天灾人祸交作，城市的富人为大旱断屠而素食，乡村的穷民为无钱买肉而素食。从前三餐肥鲜的人，现在只得吃青菜豆腐了。从前‘无肉不吃饭’的人现在几乎‘无饭不吃肉’了。城乡各处盛行素食，‘吾道不孤’，然而这不是我所盼望的。”

·3·
无常之恸

朱光潜曾经评价丰子恺的人品是“胸有城府，和而不流，没有一点世故气”，这种人品正如清人钟秀论陶渊明的洒落，二者都摆脱了功利。丰子恺一度是有名的“三不先生”，即不教书、不讲演、不宴会，从他在“缘缘堂”中书写的王安石的诗句“草草杯盘供语笑，昏昏灯火话平生”，可以看出他所向往的生活氛围。因此他的散文呈现出一种淡泊的风貌，表现出一种对生命的自省，丰子恺的这种气度，很大程度上源于自己对人生和宗教的领悟。

阿难的瞬间解脱

阿难是丰子恺的第四个孩子，因为早产一出生就死了。在那个年代里，这样的早产儿很常见，根本无法挽救，这样早逝的小生命对大部分人，特别是已经有多个孩子的家庭来说，通常是无足轻重的。

某日半夜，这个六寸长的小生命过早地辞别了母体，默默地来到人世。医生把他裹在纱布里，托出来给丰子恺看，对他说："很端正的一个男孩！指爪都已完全了，可惜来得早了一点！"丰子恺惊奇地从医生手里窥看时，这块肉忽然动起来，胸部一跳，四肢同时一撑，宛如垂死的青蛙的挣扎。丰子恺与医生吃惊地屏息守视了良久，这块肉终于不再跳动，后来渐渐发冷了。

这生命中唯一的一跳，让丰子恺意识到"这不是一块肉，这是一个生灵，一个人"。因为早前已有了阿宝、阿先、阿瞻，他母亲又为他而受难，所以丰子恺为这个儿子取名"阿难"。"阿难！一跳是你的一生！你的一生何其草草？你的寿命何其短促？我与你的父子的情缘何其浅薄呢？"

阿难匆匆而来又匆匆而去，但这短暂的一生并无遗憾。丰子恺说："……我即使活了百岁，在浩劫中与你的一跳没有甚么差异。今我嗟伤你的短命真是九十九步的笑百步。"丰子恺认为，生活已让他失去了自我，即便是在文章中经常赞美的阿宝、瞻瞻，亦比不上来去匆匆的阿难，因为：

> 他们的生活虽说天真、自然，他们的眼虽说清白、明净；然他们终究已经有了这世间的知识，受了这世界的种种诱惑，染了这世间的色彩，一层薄薄的雾障已经笼罩了他们的天真与明净了。你的一生完全不着这世间的尘埃。你是完全的天真、自然、清白、明净的生命。世间的人，本来都有像你那样的天真明净的生命，一入人世，便如入了乱梦，得了狂疾，颠倒迷离，直到困顿疲毙，始仓皇地逃回生命的故乡。这是何等昏昧的痴态！你的一生只有一跳，你在一秒间干净地了结你在人世间的一生，你堕地立刻解脱。

宇宙间人的生灭，犹如大海中的波涛的起伏。大波小波，无非海的变幻，无不归元于海，世间一切现象，皆是宇宙的大生命的显示。所以阿难与丰子恺的父子情缘并不淡薄，“你就是我，我就是你：无所谓你我了！”

无常与虚空

“无常之恸”是丰子恺皈依佛教的理由，是丰子恺认识到人生无常和虚幻后产生的一种情绪。在20世纪的二三十年代，丰子恺的散文呈现出一种淡泊甚至是虚无、消极的风貌，表现出一种深刻的对生命存在本身的自省。他一方面对社会到处充斥着的贪婪、愚痴、饥饿、凡庸感到不满，另一方面又因宇宙茫茫无始无终，生死荣辱变幻无常，而产生虚空之感。

《家》一文由丰子恺去南京朋友家作客的所思所想而起，这位朋友与他感情很好，家里布置得让丰子恺觉得很舒服，女主人也不会过于客套而让人产生“优待的虐待”之感，然而丰子恺还是怀念起自己所住的旅馆：

然而这究竟不是我的home，饭后谈了一会，我惦记起我的旅馆来。我在旅馆，可以自由行住坐卧，可以自由差使我的茶房，可以凭法币之力而自由满足我的要求。比较起受主人家款待的作客生活来，究竟更为自由。我在旅馆要住四五天，比较起一饭就告别的作客生活来，究竟更为永久。因此，主人的书房的屋里虽然布置妥贴，主人的招待虽然殷勤周至，但在我总觉得不安心。所谓“凉亭虽好，不是久居之所”。饭后谈了一会。我就告别回家。这所谓“家”，就是我的旅馆。

旅馆虽然自由舒适，但也是暂时的，于是他又想起自己在杭州的住所，然而住所也非他的本宅，倦游之心渴望归家的他便想起故乡的“缘缘堂”来，但最终“缘缘堂”也不是他真的本宅，那么家到底又在何处呢？他认为“我现在是负着四大暂时结合的躯壳，而在无始以来种种因缘凑合而成的地方暂住，我是无家可归的”。他把生命称作浮生，又把浮生比作时空列车中偶然上下的一个旅人。这种虚无感时常萦绕在他的心头。

对“无常”的体悟，还使丰子恺有过明显的厌世情绪。在《伯豪之死》中，他怀念了杭州师范学校的同班同学杨伯豪，面对朋友的因病去世，“一种对于世间的反感，对于人类的嫌恶，和对于生活的厌倦，在我胸中日渐堆积起来了”。丰子恺感觉到人生本质的虚无，但却又苦苦追寻宇宙人生的终极和秘密，对人生哲学苦苦思索。

无家可归，不如到处为家

在20世纪20年代急剧动荡、混乱的中国社会，丰子恺对社会的黑暗面很是不满，但又找不到出路，于是陷入深深的苦闷之中，认为“人生一切是无常的，能够参透这个无常，人便可以抛却我利私欲的妄念。在这个时期，弘一法师在云游过程中到丰子恺处小住过几次，二人常作长谈。1928年，由弘一法师主持仪式，丰子恺正式皈依了佛门。可见，丰子恺的皈依并不仅仅是宗教形式意义上的，而是渴望通过接近佛来参悟人生，从而达到一种通达无碍的智慧人生境界，可以说是思想上的皈依。

在洞察世事幻象与不可执着后，丰子恺走上了一条听天由命、随缘自适的道路，“随缘”当然这并不是丧失主体性的随波逐流，而是参悟后主动应对的人生策略。正如丰子恺在《家》中所说，人是无家可归的，既然无家可归，就不如到处为家。

无论是出家前的李叔同，还是出家后的弘一法师，对丰子恺的佛学智性都有很大的影响。而非佛门中人的马一浮亦对丰子恺的人生有着巨大影响。

丰子恺儿时在一次乘船中，不小心把手里的玩具掉入水中，于是“心中黯然地起了疑惑与悲哀。我疑惑不倒翁此去的下落与结果究竟如何，又悲哀这永远不可知的命运”。年幼的他希望于长大后能破解这种疑惑与悲哀，可随着时光流逝年纪增长，人生阅历的增加了，这种疑惑与悲哀非但没找到答案，反而愈加深厚，他说人生是“慢性的自杀”，自己“罹了疯狂”“颠倒迷离”，“一入人世，便如入了乱梦，得了狂疾，颠倒迷离，直到困顿疲毙，始仓皇地逃回生命的故乡”。特别是当辛苦一生的母亲病逝时，他陷入了“无常之恸”。在这人生的转折点上，幸得马一浮开导他“无常就是常”，丰子恺如醍醐灌顶，直说马一浮将自己“从无常的火宅中救出”，“我好久没有听到这样的话了，怪不得生活异常苦闷”。于是他决心同“无常”做长期的抵抗，开始从“无常”的执着中解脱出来，“而安心立命地、心无挂碍、勇猛精进地做个好人”。

在抗日战争期间，丰子恺与弘一法师、夏丏尊等只有书信往来，而在马一浮那里却可以亲耳聆听教诲。1937年12月避难到桐庐时听其负暄谈义；1938年10月又与马一浮在桂林相聚；1943年春天又专程赶到乐山访问马一浮。所以，李叔同引导丰子恺进入佛门，而马一浮则在具体的世俗生活中帮助他巩固其佛教信仰，并加深他对佛学的理解。

·4·

佛光里的生命咀嚼

以佛教关注人生，以佛心咀嚼生命，所以丰子恺文章中总弥漫着平淡、朴实、率真、自然的生活气息，平凡却有着扣人心弦的力量，也令读者看到了人性的光彩。真正的佛教是出世法与世间法的结合，这些在丰子恺这位文学居士身上得到了很好的体现。

佛家强调通过去恶修善来改变人生的命运，而丰子恺所追求的“参透无常”，抛却“我利私欲”的妄念，勇猛精进地做个好人，正是这样的。体悟了“无常之恸”，他对人生的功名利禄和自然的衰荣生灭不再执着，从容面对生活的本源。以超然物外的“大人格”来面对人生，这就是丰子恺所追求人生的宗教境界。

精神的居所——“缘缘堂”

朱光潜曾说：“我们处世有两种态度，人力所能做到的时候，我们竭力征服现实。人力莫可奈何的时候，我们就要暂时超脱现实，储蓄精力等待将来再向其他方面征服现实。超脱到哪里去呢？超脱到理想界去。”

为了远离俗世间的凡庸、贪婪、粗鄙，他给自己建造了一个美好的精神乐园，作为自己灵魂与肉体的停泊地的“缘缘堂”。“缘缘堂”之名来源于1936年丰子恺在释迎牟尼画像前所抓的两个阄，但又恰好暗合了丰子恺的心意，故而命名“缘缘堂”：

中华民国十五年，我同弘一法师住在江湾永义里的租房子里，有一天我在小方纸上写许多我所喜欢而可以互相搭配的文字，团成许多小纸球，撒在释迦牟尼画像前的供桌上，拿两次阄，拿起来的都是“缘”字，就给你命名曰“缘缘堂”。

“缘”字在佛家本来就是一个十分重要的语汇，“缘起”理论是整个佛教学说的基石。佛家认为一切事物都是因缘和合而成，都生于因果关系，本身并无自性、自体，因而都是暂时之“假相”，是虚幻不实的，也就是所谓的“空”。对“缘”字的情有独钟，正反映了丰子恺对人生的认识，他渴望通过自己的努力能实现解脱。

追求对现实人生的超越，对未来解脱境界的体证，就是佛教创始人释迎牟尼及其广大信徒的信念。于是，丰子恺便把自己的人生理想和宗教追求，物化成一个具体的形——“缘缘堂”，以此涵养心性，以求暂时脱离尘世，并真诚地表示：“你是我安息之所。你是我的归宿之处。我正想在你的怀里度我的晚年，我准备在你的正寝里寿终。”然而可惜的是，“谁知你的年龄还不满六岁，忽被暴敌所摧残，使我流离失所，从此不得与你再见！”

丰子恺将自己情感与追求都寄托在“缘缘堂”，这里带给他很强的归宿感。在《告缘缘堂在天之灵》一文中，丰子恺用深情的笔触描绘了昔日缘缘堂里的美好生活：

春天，两株重瓣桃戴了满头的花，在你的门前站岗。门内朱栏映着粉墙，蔷薇衬着绿叶，院中的秋千亭亭地站着，檐下的铁马丁东地唱着。堂前有呢喃的燕语，窗中传出弄剪刀的声音。这一片和平幸福的光景，使我永远不忘。

“缘缘堂”用其宽阔的胸怀庇护着丰家的男女老幼，在山雨欲来风满楼的动荡中守护着这里祥和宁静。然而最终“缘缘堂”还是毁于战火，但它作为一个象征，在丰子恺心中永存，并成为他在艰苦磨难中的精神支柱。

永恒的心灵栖息地

“文革”爆发时，丰子恺已是白发苍苍的老人，这本该安度晚年的年纪里却受了许多苦楚。

1969年深秋，丰子恺被下放到乡下进行劳动改造。幼女丰一吟去为父亲送冬衣，只见丰子恺脸色憔悴，头发又长又乱。女儿难过地询问他的生活状况，他只是说：“很好很好，别人过得惯的，我也过得惯”。

年老体弱的丰子恺终于病倒了，精神与疾病的双重压力下，丰子恺悄悄写下了自己生命中的最后一本散文集——《缘缘堂续笔》。“缘缘堂”是丰子恺永世难忘的乐土，是他永恒的心灵栖息地，使他得以暂时解脱。丰子恺晚年的散文创作呈现出圆融、超越的风貌，我们从中可以感受到他所追求的宗教境界的内涵。

·5·
出世情怀，入世心

佛教是宣讲苦难及其解脱之法的宗教，佛教立脚点在于人生的多苦观，以为世俗中人无法超越自身的执着欲望，从而心为形役，形为物役，历经重重苦难，因此世俗世界中的一切本性都是苦的，整个世界和全部人生就是无边的苦海，而超脱苦难的方式就是“忍”。以这种“苦”的观念返照20世纪二三十年代战火纷飞、民族危亡、经济困顿的社会现实，很容易找到佛教精神与社会现实的精神契合。然而丰子恺并非一般的宗教信徒，这与三位先生对他的教诲有着不可分割的关系。

达则兼济天下

李叔同的教导使丰子恺认识到艺术之美，并树立了“先器识而后文艺”的信条，也因为他，丰子恺最终皈依佛教；因为马一浮，丰子恺常有无常之感，这让他轻视名利，超脱于世俗分争；入世极深的夏丏尊令丰子恺感受到对社会、对人生的责任感，使他在保持着出世情怀的同时，亦怀抱着入世的热忱。

丰子恺曾说，如果不是遇到夏先生，自己不致学文。夏丏尊对写文章提倡的是实事求是，反对矫揉造作的文风，这是儒家精神的一种体现。所以我们便很容易理解，为何丰子恺作为一个佛教徒，他的作品却有着明显的关注现实人生的儒家色彩。

普通人的生活一直是丰子恺关注的，因为他喜欢有意义、有人情味的东西。一个打棉线的劳动妇女，虽勤劳肯干但因为绵绸降价，一天所得只有不到十个铜板，这微薄的所得与辛劳的付出根本不成正比。丰子恺喜欢杭州、喜欢西湖，从在杭州读师范起就爱泛舟西湖，然而随着岁月的流转，他却越来越厌恶这项消遣。并非西湖不好，而是因为西湖的游船让他不舒服。20年间，西湖游船的座位变了四次，座位越来越舒服，但船身却越来越破旧，划船的人也越来越困顿。

1934年，南方大旱，《肉腿》一文便是写照。

那一天丰子恺乘上写生船，或许是因为天气太热的缘故，往常他觉得船里样样妥帖，那天却看什么都不顺眼，直到看见上述那一幕农人踩水的盛况。河里的水已经很少了，水车必须竖得很直，方才吸得着水。但是踏进去的水被太阳蒸发还不够，哪里滋润得了庄稼呢？“这显然是人与自然的剧烈的抗争。不抗争而活是羞耻的；不抗争而死是弱的；抗争而活是光荣的；抗争而死也是甘心的。农人对于这个道理，嘴上虽然不说，肚里很明白。眼前的悲壮的光景便是其实证。有的水车上，连妇人、老太婆、十一二岁的小孩子都在那里帮工。”百姓的坚韧，让丰子恺为自己之前的矫情惭愧。看到劳动者的肉腿，他又联想到电影里、舞场上的肉腿，于是在文章的最后他写到：“近来农人踏水每天到半夜方休。舞场里、银幕上的肉腿忙着活动的时候，正是运河岸上的肉腿忙着活动的时候。”

爱护同胞

佛家讲求“未学佛法，先结人缘”，要广结人缘，就要给人以方便，人是一个整体，助人便是助己。在抗日战争期间，丰子恺走了很多地方，见了很多人，经历了很多事，帮助过别人，也受过别人的帮助。他说：“我们中华民族，现在虽受暴敌的残害，但内部因此而发生一种从来未有的好现象，就是同胞的愈加亲爱。”

“少年们富有热情，且出于天真，故其言行最易动人。”丰子恺刚到湖南湘潭时，受到了一位热情少年的帮助，令他难以忘怀。

丰子恺到湘潭之前，曾让长沙的朋友帮忙找房子。丰子恺独自先到湘潭，住在一所小旅馆里。次日清晨冒着雪，步行到乡下去接洽那间房子。他之前从未到过湘潭，不认识路。在面店里吃面的时候，周围的人听他口音不是本地人，就同他攀谈起来。丰子恺边吃面，边将流离的经过和下乡的目的告诉他们。众人对他的遭遇很是同情，知道他不认识去乡下的路，都给他讲。其中有一位十三四岁的少年，身穿制服，大概是学生，之前一直在旁边静静地听着，这时忽然立起来，对丰子恺说：“我陪你去！”

于是，丰子恺就在这位小向导的带领下上路了，两人冒着雪走了约半小时，小向导指着一所大屋对他说：“前面就是你接洽房屋的地方，你自己去找人吧！”丰子恺谢了少年，请他先回。但少年只是点点头并没有离开，仍站在雪中看我去敲门。

丰子恺进屋后，找到长沙友人所介绍的友人，才知道所定的房屋，已于前几天被兵士占据，而附近再没有空的房子可给我住。那位朋友说：“现在湘潭有人满之患，房屋很不易找，你须得在旅馆里住上十天八天才有希望呢，一下子是找不到的。”丰子恺与这位朋友又说了些闲话，大约坐了半小时方才告别。全家十余人住在旅馆里等，每天要花八九块钱，十天八天是开销不起的。可不住旅馆，这一大群老幼怎么办呢？正在烦恼的时候，丰子恺抬起头来，看见那位少年竟然还站在雪中等着自己。少年问道："房子找到么？"少年不放心这个不认识路的异乡人，要等了回音才可安心回去。丰子恺就把找不到房子的事对少年说了。少年连声说"怎么办呢？怎么办呢？"但也是爱莫能助。丰子恺感激他爱护同胞的诚意，想安慰他，便假意说道："我城里还有朋友，可以再托他们到别处去找，谢谢你的好意！我们一同回去吧。"这位少年始终替丰子恺担心，直到分别时，眉头都没有展开。

丰子恺回忆着逃难之路的点点滴滴，心里感慨万分，他说："我从浙江石门湾跑到长沙，走了三千里路。当初预想，此去离乡背井，举目无亲，一定不堪流离失所之苦。岂知不但一路平安无事，而且处处受到老百姓的同情，和兵士的帮助。使我在离乡三千里外，毫无'异乡'之感。原来今日的中国，已无乡土之别，四百兆都是一家人了。"

护生画集，护生即护心

晚年的丰子恺患有严重的肺病，作为一位76岁的古稀老人，他从没有半点怨言，也从不敢忘记曾经对恩师的承诺。他牢记着恩师对他的教诲："护生即护心，慈悲在心，随处皆可作画。"在家中养病的丰子恺并没有遵从医生的嘱咐，积极配合治疗，好好休息。相反的，他常常偷偷扔掉医生给他开的药，全神贯注地扑到画画上去。他经常凌晨4点就起床，全身心地创作着《护生画集》的第六集。时光荏苒，恩师李叔同已经逝世多年，转眼间距离恩师100岁诞辰也只有短短六年时间了。丰子恺似乎已经隐隐约约感觉到，自己也许将不久于人世，于是他用尽所用的力气一心一意地投入到绘画创作当中去。他的儿女们担心他因为画画累垮了身体，想了各种办法，甚至把他的纸和笔都藏起来。丰子恺却苦苦跟他们哀求道："快点还给我吧，你们这真是要我的老命啊。"儿女们毫无办法，也只能作罢。

晚年的丰子恺所有的心思都沉浸在画作当中，晚上哪怕是在一张小床上需要蜷缩起腿来睡觉他也丝毫没有觉得不适。他的名画《首尾就烹》《羔跪受乳》等就是在这个时候创作的。到了1973年，丰子恺终于圆满完成了曾经对恩师做出的承诺，完成了《护生画集》最后一集一共100幅画作。时光荏苒，此时与他当年送给李叔同《护生画集》第一集已经过去了整整45年。两年以后，丰子恺与世长辞。

就像有人评价丰子恺的画作："在他之前，没有人画过，之后也没有人画过。"他的画通过寥寥数笔，简单勾勒，却总在简约朴素当中流露出悲天悯人与仁爱之心。他的画价格永远很便宜，哪怕你是贫民百姓也能买得起、看得懂。

就像丰子恺曾经解读自己的画作："有一顽童一脚就踩死数百只蚂蚁，我劝他不要如此。我并非爱惜蚂蚁，或者想供养蚂蚁，只是唯恐这一点点残忍之心被扩大，将来会成为侵略者，进而用飞机大炮去残害虐杀无辜的百姓。所以，读《护生画集》必须体会其'理'，而无须执着其'事'。"

心怀慈悲，放生为善

丰子恺一生深受老师李叔同的影响，他不仅跟随老师学习绘画，也在潜移默化中继承了老师崇尚佛法、爱惜万物生灵的观念。每年农历四月初八是佛教的放生日。每年的这一天里，丰子恺都会抽空去市场买很多活着的鱼虾，然后带着自己的儿女一块儿去野外放生。不仅如此，平日里丰子恺也常有放生的善举，甚至还因此闹出过笑话。

有一次，丰子恺为了放生一只鸡，特地从自己的家乡浙江桐乡石门湾赶去杭州。这一路路途遥远，丰子恺实在不忍心把鸡的脚捆绑好提着走，因为这样鸡一路上会饱受倒悬之苦。无奈之下，丰子恺灵光一现，他撩起了自己的长袍，把鸡舒舒服服地放在里面，并轻轻按着它，以防它飞出去。

丰子恺站在车站的月台上候车，这时一名便衣警察看到丰子恺行为举止怪异，衣服也鼓鼓囊囊的，心下怀疑丰子恺是个小偷。这名便衣警察为了一探究竟，一路跟踪着丰子恺来到了杭州。火车到站后，便衣警察发现车站里有一大群人来迎接丰子恺，又见丰子恺从长袍了取出了一只抱了一路的鸡，这才知道自己误会了丰子恺，赶紧上前道歉。听了他的解释，丰子恺一行人都哈哈大笑起来。

丰子恺是最多情的作家，亦是最质朴的画家。他心怀一颗悲天悯人的慈悲之心，方能自由自在地畅游于世间万物，好无挂碍地移情并同情于世间万物，成为中国近代文化史上不可磨灭的一道印记。

·6·

人生随处皆不满

丰子恺曾说："爱一物，是兼爱他的阴暗两方面。否，没有暗的，明的是不明的，是不可爱的。我往往觉得山水间的生活，因为需要不便而菜根更香，豆腐更肥。因为寂寥而邻人更亲。切勿论都会的生活与山水间的生活孰优孰劣，孰利孰弊。人生随处皆不满，欲图解脱，唯于艺术中求之。"的确，这世间的一切事物都有阴暗两面，想拥有远离人群的清静生活，就得接受生活的不便，反之亦然，没有两全之法。而圆满，只能从艺术中找寻。

认真的生活艺术

在《为青年说弘一法师》一文中，丰子恺这样回忆了在师范读书时，一天晚上李叔同表扬了丰子恺绘画进步很快，是自己所有学生中最快的一个。那短短的一番话决定了丰子恺一生的轨迹，立志于艺术的决心在那一刻坚定了。"因为从这晚起，我打定主意，专门学画，把一生奉献给艺术，直到现在没有变志。"从此以后，艺术就成为丰子恺生命中不可或缺的一部分。他从1922年开始创作漫画，经历了战火纷飞的中年与凄风苦雨的晚年，直到生命的最后一刻，才不得不放下自己视为生命的艺术之笔。

丰子对于艺术是非常认真的，虽然他的漫画只有简单几笔，但背后的态度却极不简单。这与李叔同对他的影响是分不开的。

丰子恺在形容李叔同时，用的最多的一个词就是“认真”，无论生活、学问、艺术还是宗教，李叔同都是认真的，“他对于一件事，不做则已，要做就非做得彻底不可”。

李叔同出身富户，父亲是天津有名的银行家，父亲死后他陪着母亲南迁上海。他家境富裕又才学过人，是当时上海有名的翩翩公子。李叔同出家后，将自己的旧照片都送给了丰子恺，丰子恺对于那时的李叔同是这样形容的：“我曾在照片中看见过当时在上海的他：丝绒碗帽，正中缀一方白玉，曲襟背心，花缎袍子，后面褂扎胖辫子；底下缎带扎脚管，双梁头厚底鞋子，头抬得高，英俊之气，流露于眉目间（读者恐没有见过上述的服装。这是光绪年间上海最时髦的打扮。问你们的祖父母，一定知道）。真是当时上海一等的翩翩公子。这是最初表示他的特性：凡事认真。他立意要做翩翩公子，就彻底的做个翩翩公子。”

后来李叔同去了日本，明治维新的成果让他渴慕西洋文明，于是他就改变了翩翩公子的装扮，成了一个彻彻底底的留学生。“高帽子，硬领，硬袖，燕尾服，史的克，尖头皮鞋，加之长身，高鼻，没有脚的眼镜夹在鼻梁上，竟活像一个西洋人。”

归国后的李叔同致力于教育，他的角色从留学生转变为教书的先生，于是脱下漂亮的洋装，换上灰色粗布的袍子、黑布的马褂，尖头皮鞋变成了布底鞋子，金丝边眼镜也换了黑的铜线边眼镜。“他是一个修养很深的美术家，所以对于仪表很讲究，虽然布衣，形式却很称身，色泽常常整洁。他穿布衣，全无穷相，而另具一种朴素的美。”

不同时代的李叔同，思想不同，装扮也不同，被丰子恺视为“生活化的艺术”。后来李叔同出家成了弘一法师，将“认真”二字贯彻得更加彻底。

艺术与宗教

丰子恺虽然也信奉佛教，但在“认真”二字上始终比不上李叔同，丰子恺只在一段时间内素食，后来开了荤，而且即使戒荤期间他也不介意别人用做荤菜的锅为他做素菜。而李叔同则将“认真”发挥到了极致。对此，丰子恺是这样说的：“这24年中，我颠沛流离，他一贯到底，而且修行工夫愈进愈深。当初修净土宗，后来又修律宗。律宗是讲究戒律的。一举一动，都有规律，做人认真得很。这是佛门中最难修的一宗，数百年来，传统断绝，直到弘一法师方才复兴，所以佛门中称他为‘重兴南山律宗第十一代祖师’。”为了便于读者理解，丰子恺举了几个例子：

昔年我寄二卷宣纸去，请弘一法师写佛号，宣纸很多，佛号所需很少，他就要来信问我，余多的宣纸如何处置，我原是多备一点，由他随意处置的，但没有说明，这些纸的所有权就模糊，他非问明不可。我连忙写回信去说，余多的纸，赠与法师，请随意处置。以后寄纸，我就预先说明这一点了。又有一次，我寄回件邮票去，多了几分，他把多的几分寄还我。于是以后我寄邮票也就预先声明：余多的邮票送与法师。诸如此类，俗人马虎的地方，修律宗的人都要认真。有一次他到我家，我请他藤椅子里坐。他把藤椅子轻轻摇动，然后慢慢地坐下去，起先我不敢问。后来看他每次都如此，我就启问。法师回答我说：“这椅子里头，两根藤之间，也许有小虫伏著。突然坐下去，要把它们压死，所以先摇动一下，慢慢地坐下去，好让它们走避。”

李叔同多才多艺，又很有人格魅力，是很受学生敬仰的。那么，他为什么要出家呢？当时许多人都有这样的疑问，大概以为做和尚是迷信的、消极的、暴弃的，觉得李叔同出家太可惜了。倘若不做和尚，在这24年中，能教育多少的人才，创作多少的作品啊！丰子恺认为，用高远的眼光，从人生根本上看，宗教的崇高伟大，远在教育和艺术之上。为了避免误解，他还格外声明：

一般所谓佛教，千百年来早已歪曲化而失却真正佛教之本意。一般佛寺里的和尚，其实是另一种奇怪的人，与真正佛教毫无关系。因此世人对佛教的误解，越弄越深。和尚大都以念经念佛做道场为营业。居士大都想拿佞佛来换得世间名利恭敬，甚或来生福报。还有一班恋爱失败，经济破产，作恶犯罪的人，走投无路，遁入空门，以佛门为避难所。

消极，迷信，这种被歪曲的佛教，应该打倒。但真正的佛教，是崇高伟大的。当人感到疑惑与虚空，苦闷与悲哀，要向“哲学”与“宗教”寻求解答时，才能真正感受到佛法的高深。

丰子恺的一生就是艺术的一生，他喜欢探讨人生根本，散文和漫画是他表达自己人生哲学的两种方式，适于用形象表达的就画成了漫画，适于用文字表达的就写成了文章。从他的艺术中，我们能读懂那独特的人生体悟。于是，“不满”的人生就变成了佛性的人生。

·7·

杀身成仁，生道杀民

丰子恺自小便生活在家人的温情中，幼年的温情回忆后来成了他一生的财富，内心的温柔与悲悯伴随了他一生，浸透在他的性格里，使他总是以仁心童心来看待事物。然而，仁不等于胆怯、懦弱，更蕴含着坚强与勇气的意思。

凡人皆有杀身成仁之心

所有的动物都是怕死的，人也不例外，但又与动物不同，动物的贪生恶死是无条件的，而人则是有条件的。所谓无条件，就是有的吃就吃，能逃命就逃命，其他全然不顾。孟子曰："人之所以异于禽兽者几希"，这可以算是几希之一。母鸡被捉，小鸡自己逃开；母猪被杀，小猪只顾吃食。这样的情景十分常见，而人类的生存是有条件的。

人与动物的区别在于同情，就是用自己的心来推谅别人的心，这是人间一切道德、文明的源泉。孔子曰："志士仁人，无求生以害仁，有杀身以成仁。"自古以来，凡有志气和有道德的人，没有哪个是为了求生而失德的，只有以生命来争取真理的。人总有一死，倘若失了人道，则会对群体造成更大的伤害。

舍小我以全大我，轻身体而重精神，不仅仁人志士如此，普通人也有这样的倾向。关于这一点，孟子说得很明白："鱼，我所欲也；熊掌，亦我所欲也。二者不可得兼，舍鱼而取熊掌者也。生，亦我所欲也；义，亦我所欲也。二者不可得兼，舍生而取义者也。生亦我所欲，所欲有甚于生者，故不为苟得也；死亦我所恶，所恶有甚于死者，故患有所不辟也。"

丰子恺小时候深受传统文化的影响，成年后又皈依佛教。佛家也有杀生成仁、舍生取义的故事，讲的同样是丰子恺所说的："同情极度扩张，能把全人类看作一个身体。左手受伤，右手岂能独乐？一颗牙齿痛，全身为之不安。"

摩诃那摩是迦毗罗卫城的王，同时也是释迦牟尼佛的堂兄弟，对佛陀的教法信心至笃。拘萨罗国王毗琉璃王攻陷迦毗罗卫城，开始屠城。摩诃那摩去见了毗琉璃王，请求释放自己的百姓。穷凶极恶的毗琉璃王答应了他的请求：在摩诃那摩潜入池中的时间内，打开城门，允许城中的人民自由逃亡。因为毗琉璃王觉得潜入水中的时间不会多久。摩诃那摩潜入水中，城门大开，人民蜂拥出逃。只是摩诃那摩再没有浮上来，因为他在水下把自己的头发解开，绑在了柳树根上。

无论儒家还是佛家，都倡导"仁"，反对自残，但是对于摩诃那摩舍身救人民的行为，谁能说错呢？

不囿于教条

丰子恺的《护生画集》第一集出版以后，大受欢迎，但也有批评的声音。比如柔石在1930年4月1日的《萌芽》一卷四期上发表《丰子恺君底飘然底态度》，就说：“丰君自赞了他的自画的《护生画集》，我却在他的集里看出他的荒谬与浅薄。有一幅，他画着一个人提着火腿，旁边有一只猪跟着说话：‘我的腿’。听说丰君除了吃素以外是吃鸡蛋的，那么丰君为什么不画一个人在吃鸡蛋，旁边有一只鸡在说话：‘我的蛋’呢？这个例，就足够证明丰君的思想与行为的互骗与矛盾，并他的一切议论的价值了。”

这样的批评是浅见的，只看到表面，着眼点局限于具体的某一件“事”，而不去思考这事背后所蕴藏着的“理”。《护生画集》第二集于1940年出版，创作风格有了很大的变化。夏丏尊在这一集的序言中就说：“……至其内容旨趣，前后更大有不同。初集取境，多有令人触目惊心不忍卒睹者。续集则一无凄惨罪过之场面。……盖初集多著眼于斥妄即戒杀，续集多著眼于显正即护生。……戒杀是方便，护生始为究竟也。”

护生画第一集中“人”与“物”间有明显的不和谐，更多表达的是悲悯的情感，针对佛家所说的“众生苦”而发，含有戒杀劝善的意思；而第二集的内容，比如《燕子飞来枕上》《好鸟枝头亦朋友》《余粮及鸡犬》《蚂蚁搬家》等，则是一派和谐的景象。这是建立在同情心基础上的“万物一体”的大思想，是超越了“恩及禽兽”的伟大的世界观。

丰子恺在《为青年说弘一法师》一文中谈到过弘一法师守戒严格时说：“我们对于宗教上的事情，不可拘泥其‘事’，应该观察其‘理’。”仁也是需要权变、活用的，而不应被包括佛教“戒杀放生”在内的教条所拘束，从而执着于“事”。在《生道杀民》一文中，丰子恺借抗战期间敌人轰炸我国新运来的战斗机，并炸死两人一牛的事件分析说：

当时有许多人在旁静听。听到这里，大家异口同声地焦灼地问："飞机被炸着没有？飞机被炸着没有？"……一时竟没有人问起炸死多少人。直到后来，才有人提出这问题……天地间人最贵。故孟子曰："民为贵，社稷次之。"但上述这班人已经把这定理变通，变做"飞机为贵，人次之"了。我觉得这变通颇可原谅。……只因禽兽逼人，人不得不用武力杀其锋。不得不以战弥战，以杀止杀。要为人类除暴，不得不借飞机的威力。……孟子曰："以生道杀民，虽死不怨。"……因为如程子所解释："以生道杀民，谓本欲生之也。除害去恶之类是也。盖不得已而为其所当为，则虽拂民之欲，而民不怨。"

这正是"变通""不拘泥"的一个显例。在特定的情势下，佛家"护生"儒家"民为贵"的思想立场皆可以放弃，即使"杀"也不是一定不可以的，只要这"杀"仍在"仁"的规范之内即可。

综上所述，我们可以明白，丰子恺的意思其实是说，"仁心"即"同情心"是"本源"，在"仁心"的作用下，可以抵达"万物一体"的最高境界。

·8·

仁者蔼然，唯宽唯厚

1928年10月10日的《小说月报》同期发表了两篇同样题目的文章——《儿女》。一篇是丰子恺的，一篇是朱自清的。当时丰子恺与朱自清都是30岁，都有五个孩子，两位父亲都为生活所累不得不辛苦奔波。孩子固然是可爱的，但在动荡的社会里养育多名子女烦恼也是格外多的，这在两篇文章中都有体现，然而表现出来的情绪却完全不同。

用童心描述儿童生活

丰子恺与朱自清性格不同，看待儿女生活的角度自然也不同。朱自清性子急，对孩子不大有耐心，对自己不能做一个和蔼慈爱的父亲充满自责。朱自清的父亲曾写信问孙子阿九的情况，信中说："我没有耽误你，你也不要耽误他才好"，父亲的话让朱自清流泪了，怪自己不像父亲那样仁慈。他称丰子恺为儿子瞻瞻写的文章是"蔼然仁者之言"，又见叶圣陶为孩子小学毕业去哪上中学而苦恼，相比之下他感到更加惭愧了。

丰子恺21岁结婚，他自称："结婚后得了'子烦恼'，几乎年年生一个孩子。率妻糊口四方，所收入的自顾不暇。"丰子恺的老母亲独自带着他的次女住在家乡的老屋里，染坊店及数十亩薄田所入虽能供养，亦没有余裕。可见“只为家贫成聚散”的苦恼，不单朱自清有，丰子恺也是有的。

朱自清的文章里充满了辛酸、自责与无奈，而我们从丰子恺的文章里看到的则是对孩子天真活跃的赞美。

面对琐碎的生活，孩子的吵闹，朱自清会大发脾气：

阿九才两岁半的样子，我们住在杭州的学校里。不知怎的，这孩子特别爱哭，又特别怕生人。一不见了母亲，或来了客，就哇哇地哭起来了。学校里住着许多人，我不能让他扰着他们，而客人也总是常有的；我懊恼极了，有一回，特地骗出了妻，关了门，将他按在地下打了一顿。这件事，妻到现在说起来，还觉得有些不忍；她说我的手太辣了，到底还是两岁半的孩子！我近年常想着那时的光景，也觉黯然。阿菜在台州，那是更小了；才过了周岁，还不大会走路。也是为了缠着母亲的缘故吧，我将她紧紧地按在墙角里，直哭喊了三四分钟；因此生了好几天病。妻说，那时真寒心呢！但我的苦痛也是真的。我曾给圣陶写信，说孩子们的磨折，实在无法奈何；有时竟觉着还是自杀的好。

朱自清一直觉得自家的孩子比别人家的更难缠，而实际上丰子恺家的孩子也同样让父亲头疼：

……孩子们一爬到我的案上，就捣乱我的秩序，破坏我的桌上的构图，毁损我的器物。——他们拿起自来水笔来一挥，洒了一桌子又一衣襟的墨水点；又把笔尖蘸在浆糊瓶里。他们用劲拔开毛笔的铜笔套，手背撞翻茶壶，壶盖打碎在地板上这在当时实在使我不耐烦，我不免哼喝他们，夺脱他们手里的东西，甚至批他们的小颊。然而我立刻后悔：哼喝之后立继之以笑，夺了之后立刻加倍奉还，批颊的手在中途软却，终于变批为抚。因为我立刻自悟其非：我要求孩子们的举止同我自己一样，何其乖谬！

丰子恺的字里行间不仅满是对孩子的爱，更有与子同乐的率真。丰子恺认为世间人与人的关系，最自然最合理的莫如朋友。君臣、父子、昆弟、夫妇之情，在十分自然合理的时候都不外乎是一种广义的友谊。所以朋友之情，一切人情是基础。这样的“朋友观”打破了传统的观念，用一种新的思想来诠释人与人的关系，体现了丰子恺“以人为本，众生平等”的思想。

宽厚与佛学因缘的结合

丰子恺对佛教的理解多来自于感知，从弘一法师身上他看到了活的、具体的宗教，他看重佛门中人的恬淡、宁静、自然的处事原则，欣赏这样的生活方式。1927年丰子恺从弘一法师皈依佛门，最初对艺术的迷恋使他珍爱生活，亲近童真，后来受佛学的熏陶启迪又使他对世间的各种纷扰都持一种达观超然的姿态。而他性格中的宽厚特质则与成长经历脱不开干系。

丰子恺作为家中唯一的男孩，自小就受到格外多的宠爱，即使家道中落也没让他品尝到生活艰辛，虽然家中经济不好母亲还是让他尽量读书，为了让他能去日本留学岳父毅然相助解决了大部分旅费。生活将温情浸透到丰子恺的性格里，使他总能以温柔悲悯之心看事物。农村广阔的天地，给了丰子恺无拘无束的游戏空间，自由真实的生活孕育了他率真自然的性格，形成了自由、尚真的信念。启蒙之初的私塾教育，丰子恺接受了传统文化的洗礼，懂得了儒家宽厚爱人的思想，这使他染上了中国传统文人特有的从容气度。进入新式学堂后，他以自己的聪明伶俐及悟性、天赋，博得了师长们的偏爱。家庭的宠爱、传统教育的浸染、一帆风顺的求学经历，使丰子恺形成中正平和、达观淡泊、悲天悯人的性格。

1927年蒋介石叛变革命，大革命失败了，很多人都感到茫然，找不到出路。在那人心惶惶的年代，朱自清对自己的未来感到迷茫，更不知道该如何为孩子规划，只好说："我现在毫不能有一定的主意；特别是这个变动不居的时代，知道将来怎样？好在孩子们还小，将来的事且等将来吧。目前所能做的，只是培养他们基本的力量——胸襟与眼光；孩子们还是孩子们，自然说不上高的远的，慢慢从近处小处下手便了。"而丰子恺则以独有的体会与超脱的心态，在苦难的岁月品味出人生中的乐趣、人性中的至美。

图书在版编目（CIP）数据

听丰子恺谈禅意人生 / 陈墨著 .—北京：时事出版社，2017.2
ISBN 978-7-80232-944-7

Ⅰ.①听… Ⅱ.①陈… Ⅲ.①丰子恺（1898~1975）-人物研究 Ⅳ.① K825.72

中国版本图书馆 CIP 数据核字（2015）第 320792 号

出 版 发 行：时事出版社
地　　　址：北京市海淀区万寿寺甲 2 号
邮　　　编：100081
发 行 热 线：（010）88547590　88547591
读者服务部：（010）88547595
传　　　真：（010）88547592
电 子 邮 箱：shishichubanshe@sina.com
网　　　址：www.shishishe.com
印　　　刷：北京建泰印刷有限公司

开本：787×1092　1/16　印张：18　字数：245 千字
2017 年 2 月第 1 版　2017 年 2 月第 1 次印刷
定价：32.00 元
（如有印装质量问题，请与本社发行部联系调换）